乡村法律明白人以案普法手册

XIANGCUN FALÜ MINGBAIREN
YI AN PUFA SHOUCE

俞里江 张金海 郑东梅◎主编

中国法制出版社
CHINA LEGAL PUBLISHING HOUSE

序

党的二十大对全面依法治国、全面推进乡村振兴都做出了重点部署。二十大报告指出，要加快建设法治社会，弘扬社会主义法治精神，传承中华优秀传统法律文化，引导全体人民做社会主义法治的忠实崇尚者、自觉遵守者、坚定捍卫者；建设覆盖城乡的现代公共法律服务体系，深入开展法治宣传教育，增强全民法治观念。报告同时指出，全面建设社会主义现代化国家，最艰巨最繁重的任务仍然在农村。实施乡村振兴战略，是全面建设社会主义现代化国家的重大历史任务。无论是全面依法治国还是全面乡村振兴，都需要扎扎实实推进乡村法治建设。

我国14亿多人口，将近5亿在农村，推进乡村法治化建设事关农村社会和谐稳定，事关乡村振兴战略大局。习近平总书记在2021年召开的中央农村工作会议上强调：要加强和改进乡村治理，发挥农村基层党组织战斗堡垒作用，创新农村精神文明建设有效平台载体，妥善解决农村矛盾纠纷，维护好农村社会和谐稳定。新时代推进乡村治理，要坚持问题导向，持续提升乡村治理效能，创新乡村治理方式，为推动实施乡村振兴战略提供坚强保障。

为此，2021年，国家提出开展“法律明白人”培养工作。着力培养村民中具有较好法治素养和一定法律知识、愿意积极参与法治实践、能发挥示范带头作用的人员，为身边父老乡亲服务。计划到2025年，每个行政村至少培养3名“法律明白人”，基本形成培养机制规范、队伍结构合理、作用发挥明显的“法律明白人”工作体系，形成一支素质高、结构优、用得上的乡村“法律明白人”队伍。

培养“法律明白人”是构建基层治理体系的重要内容，是推动法治建设、带动自治和德治的重要手段。“法律明白人”扎根基层，在基层社会治理中发挥着积极作用。村村都有“法律明白人”，就能多办法律明白事。“法律明白人”是农村法治建设的重要拼图，不仅在微观上对农民有具体帮助，在宏观上对农村的平安建设、精神文明建设以及乡村振兴，都有着非常重要的意义。

为规范推进乡村“法律明白人”培养工程，着力培养一支群众身边的普法依法治理工作队伍，为实施乡村振兴战略、推进法治乡村建设提供基层法治人才保障，2021年11月8日，中央宣传部、司法部、民政部、农业农村部、国家乡村振兴局和全国普法办公室等六部门联合印发了《乡村“法律明白人”培养工作规范（试行）》。同时，“八五”普法规划将开展“法律明白人”培养工作列为专项工作之一，强调要推进普法与依法治理有机融合，加强基层依法治理，深化法治乡村（社区）建设，加大乡村（社区）普法力度，实施乡村（社区）“法律明白人”培养工程；在立法、执法、司法过程中开展实时普法，充分运用社会力量开展公益普法，壮大社会普法力量；发挥群团组织和社会组织在普法中的作用，充分发挥法律实务工作者、法学教师的作用。

根据全面推进乡村振兴、巩固拓展脱贫攻坚成果任务需要，我校党委积极承担社会责任，选派优秀干部到基层担任驻村第一书记开展帮扶工作。驻村第一书记积极履职，以主要职责任务中“提升治理水平”为切入点，重点围绕推进乡村治理体系和治理能力现代化、提升乡村善治水平，以推动健全党组织领导的自治、法治、德治相结合的乡村治理体系，推动化解各类矛盾问题等为抓手，利用专业知识，与北京市延庆区人民法院审管办联合共建，开展普法工作，推出《乡村法律明白人以案普法手册》一书。该书以人民群众法治需求为导向，力求在群众中培养“法律明白人”、培养服务群众的“法律明白人”，聚焦解决村民日常生产生活中的法律问题，提升村民法治素养。同时结合地缘人文特色，坚持普法工作与美丽乡村建设、乡村振兴深度融合，面向广大农村地区群众和基层工作者，切实提升群众的知法守法用法水平。该书编写期间双方就内容构成、文章体例、出版计划等定期召开线上线下研讨会，明确时间表、路线图，择优选取调宜骨干开展图书案例撰写工作，确保为读者呈现一本通俗易懂又高效实用的普法读物。中国音乐学院和北京市延庆区人民法院今后还将就新媒体普法、巡回审判等工作开展合作，力争为辖区群众、美丽乡村建设、乡村振兴做出积极的贡献。

《乡村法律明白人以案普法手册》的编写对加强乡村法治宣传，提高村民整体法治素养，打造具有高度法治观念的“乡村法律明白人”队伍，对实施乡村振兴战略具有积极意义。本书践行《中央宣传部、司法部关于开展法治宣传教育的第八个五年规划（2021—2025年）》中“着力提高普法针对性实效性”“加大以案普法力度”“健全以案普法长效机制”“针对人民群众日常生活遇到的具体法律问题及时开展普法”的要求，以及中央全面依法治国委员会印发的《关于加强法治乡村建设的意见》中“加强乡村法治宣传教育”“加大以案普法、以案释法和案例指导力度，深入宣传与群众生产生活密切相关的法律法规”的工作要求。全书共分为五章，针对当前农村地区存在的普遍性突出法律问题，如土地承包、农村建房、赡养纠纷、房屋买卖、违建房屋等，结合真实案例打造实用性和可读性较强的普法教育手册。每章由4—6个知识点和典型案例组成，每个知识点包含基本案情、法理分析、法条链接、法官普法4个板块，充分利用典型案例向读者进行法律解读，做到全面、生动地向读者展示各法律环节，方便基层工作者和村民自觉通过法律途径解决纠纷，维护合法权益，化解矛盾，以维护农村社会稳定。

中央全面依法治国委员会《关于加强法治乡村建设的意见》中指出，要着力推进乡村依法治理，教育引导农村干部群众办事依法、遇事找法、解决问题用法、化解矛盾靠法，走出一条符合中国国情、体现新时代特征的中国特色社会主义法治乡村之路，为全面依法治国奠定坚实基础。希望此书的出版在一定程度上能够为基层工作人员解决乡村问题、化解乡村矛盾提供相关法律依据，为我国乡村“法律明白人”培养、为中国的法治乡村建设、为乡村振兴事业贡献一份绵薄之力。

王旭东 （教授、中国音乐学院党委书记）

2023年2月于北京

目录

第一章 农村土地承包

第二章　农村建房施工合同

第三章 农村赡养纠纷

第四章 农村房屋买卖

第五章 农村违建房屋

第一章

农村土地承包

引　言

土地是农民世代赖以生存的重要基础，也是农村集体经济组织最重要的生产资料。稳定农民与土地的承包关系一直是中央农村政策的基本脉络。近年来，随着我国城镇化步伐的加快，因土地征收、城镇落户、妇女外嫁等情况，大量的农村土地承包纠纷涌入法院，其中不少纠纷系因村集体和村民对相关法律政策的理解认识存在偏差而产生。为切实维护农民的土地承包经营权，从源头上减少土地承包纠纷的产生，对农村土地承包经营的相关问题进行普法十分必要。本章就向大家介绍农村土地承包纠纷的相关法律问题。

案例一

对家庭承包中土地承包经营权取得的理解及户内家庭成员的确定

——土地承包经营权合同纠纷

石菲[①]

我国农村土地实行以家庭承包经营为基础、统分结合的双层经营体制，其中农村土地承包主要发生在农村集体经济组织内部，且多以农村集体经济组织发包、家庭承包方式进行。根据法律规定，家庭承包的承包方是本集体经济组织的农户。围绕如何确定农户取得土地承包经营权以及哪些农户成员享有土地承包权的问题，司法实践中引发大量纠纷。

基本案情

二十世纪八十年代初，李兰[②]嫁给了W村的吴军。婚后不久，李兰将其户籍迁至吴军家庭名下。1986年，两人生育一女吴小花。然而，天有不测风云，吴军在1987年年初不幸遭遇事故去世。李兰自生育后身体变差，独自一人实难抚养吴小花。经热心村民介绍，同年年底，李兰又与W村王庆结为夫妻，同时将吴小花户籍迁至王庆家庭名下，并更名为王小花。1988年，李兰与王庆生育一女王小草。但因李兰未调理好身体即生育，王小草自小身体极差，于1996年救治无效去世。

1993年，王庆作为家庭户代表，承包了W村的2亩土地，并与村集体经济组织签订了土地联产承包责任制合同书。后1998年，王庆作为家庭户代表，又承包了W村的6亩土地，并签订了承包合同书，但前述1993年承包合

---

① 北京市延庆区人民法院民事审判二庭法官。

② 本书案例中的人名和公司名均为化名。

同书所载的土地未在本合同书中体现。

2012年，李兰去世。次年，王庆又与C村离异妇女王芳结婚。婚后，王芳生育一子王小凯。王芳随其前夫家庭曾承包C村的4亩土地，其前夫去世后一直由其耕种。但王芳与王庆结婚后，一直未将其户口迁入W村。2015年，王庆将全部承包土地出租给某农业种植公司，每年领取收益。2017年，王庆因事故去世。

王庆曾于生前起诉村集体经济组织，要求确认自己对1993年承包合同书项下的土地享有承包经营权。王庆去世后，王小花诉至法院，要求确认其对王庆签订的承包合同书项下的6亩土地享有全部承包经营权。

针对王庆的起诉，法院经审理认为：根据《农村土地承包法》规定，农村集体经济组织成员有权依法承包由本集体经济组织发包的农村土地，发包方应当与承包方签订书面承包合同，承包合同自成立之日起生效，承包方自承包合同生效时取得土地承包经营权。农村土地承包经营权应当按照法律规定的承包程序，并签订土地承包合同后依法取得。《最高人民法院关于审理涉及农村土地承包纠纷案件适用法律问题的解释》（以下简称《土地承包解释》）第一条第二款规定，农村集体经济组织成员因未实际取得土地承包经营权提起民事诉讼的，人民法院应当告知其向有关行政主管部门申请解决。王庆持1993年与村集体经济组织签订的土地联产承包责任制合同书，证明未将诉争的2亩土地写入1998年签订的承包合同书项下，而1998年延庆区人民政府颁发的土地承包经营权证书亦未登记该诉争土地。我国实行家庭联产承包责任制，1998年的承包合同书是确定土地承包经营权的依据，诉争土地未写入1998年的承包合同书和土地承包经营权证书项下，故王庆家庭未取得诉争土地的承包经营权，其要求确认对该2亩土地享有承包经营权的请求，不属于人民法院民事诉讼的受案范围。据此，驳回王庆的起诉。

针对王小花的诉讼请求，法院经审理认为：按照法律规定，农村集体经济组织成员有权依法承包由本集体经济组织发包的农村土地。家庭承包方式的承包方是以家庭为单位承包本集体经济组织土地的农户，农户中的一人或几人死亡，承包土地仍由其他家庭成员继续承包经营，农户中全部成员死亡的，该土地承包经营权消灭。本案中，王庆作为家庭成员的代表承包了W村的6亩土地，各家庭成员对合同项下的土地均享有承包经营权。李兰和王庆去世后，承包期内的土地承包经营权由现有的家庭成员继续享有，王小凯系王庆之子，是王庆的家庭成员，且也取得了诉争土地所在的农村集体经济组织的农户身份，故王小凯对王庆签订的承包合同书项下的土地享有承包经营权。王芳虽然于2013年与王庆结婚，但其户口未迁入W村，因此不具备W村的农户身份，并非王庆作为家庭成员代表签订的承包合同书的家庭成员。故王庆所签订的承包合同书的家庭成员有王小花和王小凯，二人对王庆签订的承包合同书项下的6亩土地享有承包经营权。

法理分析

一、对未实际取得土地的理解

《土地承包解释》第一条规定了人民法院应当受理的农村土地承包民事纠纷，并规定了不予受理的案件范围。就农村土地承包民事纠纷受理的类型而言，承包合同纠纷、承包经营权侵权纠纷、承包经营权流转纠纷、承包地征收补偿费用分配纠纷、承包经营权继承纠纷等均属于法院受理的涉农村土地承包民事纠纷范围。而就不予受理的范围而言，《土地承包解释》第一条第二款和第三款明确规定了两种情形：一是集体经济组织成员因未实际取得土地承包经营权提起民事诉讼的，人民法院应当告知其向有关行政主管部门申请解决；二是集体经济组织成员就用于分配的土地补偿费数额提起民事诉讼的，人民法院不予受理。

关于“未实际取得土地承包经营权”的含义，应当结合法律规定的文义、体系以及立法目的，解释为在提起民事诉讼时仍未实际与村集体经济组织签订土地承包经营权合同。具体包括以下两种情况：（1）自始未签订过土地承包经营权合同；（2）土地二轮延包前曾签订过土地承包经营权合同，但在土地二轮延包时未再行签订合同。之所以以土地承包经营权合同作为判断土地承包经营权取得的依据，是因为《民法典》第三百三十三条第一款明确规定，土地承包经营权自土地承包经营权合同生效时设立。

王庆主张自己享有涉案土地承包经营权的依据是1993年的承包合同书，村集体经济组织反驳王庆主张的依据则是王庆家庭1998年的承包合同书，对比两份合同可以发现，1998年合同项下并无涉案土地。从证据的证明力角度而言，1993年合同虽然是真实的，但是随着1998年合同的签订，后合同应当视为取代了先合同，故1993年合同的内容不能作为王庆取得土地承包经营权的证据。因此，根据1998年合同的约定，王庆并未实际取得涉案土地的承包经营权。王庆之主张并非法院民事诉讼的受案范围，故应裁定驳回起诉。

二、农户家庭成员的确定

根据《农村土地承包法》第五条、第十六条的规定，农村集体经济组织成员有权依法承包由本集体经济组织发包的农村土地，家庭承包的承包方是本集体经济组织的农户。根据《土地承包解释》第三条第二款的规定，承包方是指以家庭承包方式承包本集体经济组织农村土地的农户，以及以其他方式承包农村土地的组织或者个人。所谓“户”，汉语词典对该字有五种解释，分别为门、人家、会计部门称账册上有业务关系的团体或个人、门第、姓。具体到《农村土地承包法》中的农户，应当指的是农村家庭。“农户”通常被理解为“农业户口”，但在涉农村土地法律领域，农户具有特别的含义。这里的“农户”与作为个体的农民相区别。《农村土地承包法》第十六条的主要意旨为，家庭承包的土地承包经营权人必须是从事农业生产的“农户”（家庭），并且是承包土地所属的村集体经济组织的成员，也即农户成员的认定通常以具有本集体经济组织成员资格为前提。

基于上述规定，因王芳户籍地在C村，其不具有W村的农户身份，故其虽为王庆之妻，但依法不享有涉案6亩土地的承包经营权。而王小凯作为王庆之子，自出生即取得了W村农户的身份，故其依法享有土地承包经营权。关于王小花土地承包经营权的份额确定问题，根据“增人不增地、减人不减地”的政策规定，作如下分析：2012年李兰去世后，土地承包经营权归王庆和王小花二人共同共有，即“减人不减地”；2013年，王庆与王芳再婚，因王芳的户口未迁入W村，故涉案土地承包经营权仍为王庆和王小花二人共同共有；2014年，随着王小凯的出生及其户籍落入W村，涉案土地承包经营权变为王庆、王小花和王小凯三人共同共有，即“增人不增地”；2017年，王庆去世，涉案土地随着农户成员的减少变成王小花和王小凯二人共同共有，即“减人不减地”。

法条链接

《中华人民共和国民法典》

第三百三十条 农村集体经济组织实行家庭承包经营为基础、统分结合的双层经营体制。

农民集体所有和国家所有由农民集体使用的耕地、林地、草地以及其他用于农业的土地，依法实行土地承包经营制度。

第三百三十三条 土地承包经营权自土地承包经营权合同生效时设立。

登记机构应当向土地承包经营权人发放土地承包经营权证、林权证等证书，并登记造册，确认土地承包经营权。

《中华人民共和国土地管理法》

第十二条 土地的所有权和使用权的登记，依照有关不动产登记的法律、行政法规执行。

依法登记的土地的所有权和使用权受法律保护，任何单位和个人不得侵犯。

第十四条 土地所有权和使用权争议，由当事人协商解决；协商不成的，由人民政府处理。

单位之间的争议，由县级以上人民政府处理；个人之间、个人与单位之间的争议，由乡级人民政府或者县级以上人民政府处理。

当事人对有关人民政府的处理决定不服的，可以自接到处理决定通知之日起三十日内，向人民法院起诉。

在土地所有权和使用权争议解决前，任何一方不得改变土地利用现状。

《中华人民共和国农村土地承包法》

第五条 农村集体经济组织成员有权依法承包由本集体经济组织发包的农村土地。

任何组织和个人不得剥夺和非法限制农村集体经济组织成员承包土地的权利。

第十六条 家庭承包的承包方是本集体经济组织的农户。

农户内家庭成员依法平等享有承包土地的各项权益。

第二十三条 承包合同自成立之日起生效。承包方自承包合同生效时取得土地承包经营权。

第二十四条 国家对耕地、林地和草地等实行统一登记，登记机构应当向承包方颁发土地承包经营权证或者林权证等证书，并登记造册，确认土地承包经营权。

土地承包经营权证或者林权证等证书应当将具有土地承包经营权的全部家庭成员列入。

登记机构除按规定收取证书工本费外，不得收取其他费用。

《最高人民法院关于审理涉及农村土地承包纠纷案件适用法律问题的解释》

第一条第二款 农村集体经济组织成员因未实际取得土地承包经营权提起民事诉讼的，人民法院应当告知其向有关行政主管部门申请解决。

第三条 承包合同纠纷，以发包方和承包方为当事人。

前款所称承包方是指以家庭承包方式承包本集体经济组织农村土地的农户，以及以其他方式承包农村土地的组织或者个人。

第十九条 发包方就同一土地签订两个以上承包合同，承包方均主张取得土地经营权的，按照下列情形，分别处理：

（一）已经依法登记的承包方，取得土地经营权；

（二）均未依法登记的，生效在先合同的承包方取得土地经营权；

（三）依前两项规定无法确定的，已经根据承包合同合法占有使用承包地的人取得土地经营权，但争议发生后一方强行先占承包地的行为和事实，不得作为确定土地经营权的依据。

法官普法

实践来看，在1998年二轮延包时，农村集体经济组织基本均与农户签订了土地承包合同，并根据土地承包合同予以登记。土地承包经营权自土地承包经营权合同生效时设立。因此，在具体生产经营中，若对承包土地的取得与否等产生争议，可以先拿出手上的土地承包合同及土地承包经营权证书，看看自己的承包地位置、亩数，明确自己是否取得了争议土地的承包经营权。而如果是家庭成员产生分歧，可以查看土地承包经营权证书记载的家庭成员信息以及土地管理部门的登记信息，先行确定初始户内家庭成员的信息，然后结合“增人不增地、减人不减地”原则，按照时间顺序厘清现有户内家庭成员情况，以此确定实际享有户内土地承包权益的成员，准确分割土地承包权益。

司法实务中，常常还有农户因为承包土地交叉、边界问题引发纷争。对于该类争议，首先应看农户是否取得土地承包经营权，具体看是否与发包方签订了土地承包合同。如果一方持有土地承包合同，另一方未持有，则倾向于认定持有土地承包合同一方享有土地承包经营权。如果双方均持有土地承包合同，则主要依据《土地承包解释》第十九条确定的规则，依次按照是否持有土地承包经营权证书、土地承包合同生效先后以及合法占用顺序确定。但若双方条件相当，则该类纠纷通常属于土地使用权之争，依照《土地管理法》等法律规定，应当先自行协商解决；协商不成的，由人民政府处理；对政府处理决定不服的，方可诉至法院。

案例二

村民自治事项，司法介入有限度

——承包地征收补偿费用分配纠纷

高智新[①]

随着城市化进程的加快，农村土地大量被征收、征用，由此引发的承包地征收补偿费用分配纠纷案件不断增多。这类案件交织着各方利益的冲突，对抗性强、矛盾突出。妥善处理该类纠纷对维护农民利益，维护农村社会稳定具有重要意义。本文将着重介绍承包地征收补偿费用分配纠纷的几个常见问题。

基本案情

老王、老张系夫妻关系，二人育有一子小王，三人均系某村村民。1998年1月1日，老王作为家庭的代表，与村集体经济组织签订了土地承包合同。2019年，因公共利益的需要，某村整体搬迁，国家已将土地征收补偿费用支付给了某村村委会，因某村村委会未通过民主议定程序作出补偿分配方案，导致土地征收补偿款尚未发放，老王、老张、小王认为村委会侵犯了其合法权益，故诉至法院，请求村委会支付土地征收补偿款。

人民法院认为，承包地征收补偿费用的分配属于农村集体经济组织自治范畴，承包地征收补偿费用“分不分”“分给谁”“分多少”等问题应当由农村集体经济组织成员通过民主议定程序形成决议。本案中，针对土地补偿费用分配问题，某村村委会尚未通过民主议定程序作出补偿分配方案，因此，老王、老张、小王所提本案诉求属于农村集体经济组织的自治范畴，而非人民法院受理民事案件的范围，故裁定驳回老王、老张、小王的起诉。

---

① 北京市延庆区人民法院民事审判二庭法官助理。

法理分析

承包地征收补偿费用分配纠纷，主要是承包经营的农村土地被国家依法定程序征收后，国家依法给予失地者的补偿费用分配问题。这类纠纷的核心问题在于“分不分”“分给谁”“分多少”。村民认为其丧失了土地，理应获得补偿，若未收到补偿款，便诉诸法院，那么问题是，法院可以处理任何案件吗？答案是否定的，法院无法触及生活的方方面面，否则将过度行使司法权，造成社会的混乱。属于村集体经济组织自治范畴的事项，司法介入有限度。

首先，应当明确的是土地补偿费用归村集体所有。

根据《宪法》第十条规定，城市的土地属于国家所有。农村和城市郊区的土地，除由法律规定属于国家所有的以外，属于集体所有；宅基地和自留地、自留山，也属于集体所有。国家为了公共利益的需要，可以依照法律规定对土地实行征收或者征用并给予补偿。据此，承包地属于村集体所有的财产，征收补偿费用是对承包地所有权灭失的补偿，因此，承包地的征收补偿费用属于村集体所有，并适用村民自治的原则由村集体决定最终的分配和使用方案，村集体在作出分配方案时应当秉承平衡各方利益的原则。

其次，土地补偿费用的使用及分配方案属于村民自治事项。

根据《民事诉讼法》第一百二十二条的规定，起诉应当符合法律规定的条件:（1）原告是与本案有直接利害关系的公民、法人和其他组织；（2）有明确的被告；（3）有具体的诉讼请求和事实、理由；（4）属于人民法院受理民事诉讼的范围和受诉人民法院管辖。也就是说，人民法院受理民事案件是有条件限制的，不属于人民法院民事案件受理范围的，人民法院不能受理，否则将违反法律的规定。

村民自治的实质是让广大农民群众自己当家做主，通过民主的形式组织起来，进行自我管理、自我教育、自我服务，共同办理好本村事务。根据《村民委员会组织法》第二条、第二十四条以及《民法典》第二百六十一条的规定，承包地征收补偿费用的分配、使用事项属于村民自治的范畴，上述条款体现了立法保护和尊重村民自治权利的理念，同时也体现了司法适度介入的导向，这对于激发基层民主政治活力、维护农村社会稳定具有重要的意义。

法条链接

《中华人民共和国民法典》

第二百六十一条 农民集体所有的不动产和动产，属于本集体成员集体所有。

下列事项应当依照法定程序经本集体成员决定：

（一）土地承包方案以及将土地发包给本集体以外的组织或者个人承包；

（二）个别土地承包经营权人之间承包地的调整；

（三）土地补偿费等费用的使用、分配办法；

（四）集体出资的企业的所有权变动等事项；

（五）法律规定的其他事项。

《中华人民共和国村民委员会组织法》

第二条第一款 村民委员会是村民自我管理、自我教育、自我服务的基层群众性自治组织，实行民主选举、民主决策、民主管理、民主监督。

第二十四条 涉及村民利益的下列事项，经村民会议讨论决定方可办理：

（一）本村享受误工补贴的人员及补贴标准；

（二）从村集体经济所得收益的使用；

（三）本村公益事业的兴办和筹资筹劳方案及建设承包方案；

（四）土地承包经营方案；

（五）村集体经济项目的立项、承包方案；

（六）宅基地的使用方案；

（七）征地补偿费的使用、分配方案；

（八）以借贷、租赁或者其他方式处分村集体财产；

（九）村民会议认为应当由村民会议讨论决定的涉及村民利益的其他事项。

村民会议可以授权村民代表会议讨论决定前款规定的事项。

法律对讨论决定村集体经济组织财产和成员权益的事项另有规定的，依照其规定。

《最高人民法院关于审理涉及农村土地承包纠纷案件适用法律问题的解释》

第二十二条 农村集体经济组织或者村民委员会、村民小组，可以依照法律规定的民主议定程序，决定在本集体经济组织内部分配已经收到的土地补偿费。征地补偿安置方案确定时已经具有本集体经济组织成员资格的人，请求支付相应份额的，应予支持。但已报全国人大常委会、国务院备案的地方性法规、自治条例和单行条例、地方政府规章对土地补偿费在农村集体经济组织内部的分配办法另有规定的除外。

法官普法

一、承包地征收补偿费用分配中的哪些情形人民法院不予受理？

土地征收，是指国家基于公共利益的需要，将集体所有的土地强制性收归国家所有的行为。[①]土地征收是对所有权的征收，是物权变动的一种特殊形式，具有国家强制性，因此，土地征收的主体只能是国家。土地征收必然造成土地承包经营权人的财产损失，因此，土地征收后必须给予土地承包经营权人一定的经济补偿，涉及金钱必然会涉及村民的根本利益，一旦利益受到侵害，村民有可能诉诸法律，但是有些案件人民法院是不应受理的，已经受理的应当裁定驳回起诉。这类纠纷中人民法院不予处理的常见情形有：

1.发包方未收到补偿费用的。土地征收存在两个层面的法律关系：国家和集体土地所有权人（发包方）之间的关系以及集体土地所有权人（发包方）

---

① 参见人民法院出版社编著：《最高人民法院民事案件案由适用要点与请求权规范指引》，人民法院出版社2020年版，第145页。

和土地承包经营权人（承包方）之间的关系。承包地征收的主体是国家，承包地的发包方为农村集体经济组织[①]，由于征收法律关系建立在征收方与发包方之间，征收方一般会将补偿费用一并支付给发包方。因此，作为发包方的农村集体经济组织并不是基于土地征收而发生补偿费用的义务主体，只有在其收到国家给付的相关补偿费用的情况下，农村集体经济组织才有义务将补偿费支付给承包方。因此，在发包方未收到国家补偿费用的情况下，承包方起诉要求支付补偿费用的，人民法院不予受理。

2.农村集体经济组织未作出分配方案的。这就是案例中的情形。土地补偿费用的分配，由村集体通过民主议定程序讨论决定，在村集体经济组织作出分配方案之前，村民不得起诉要求分配土地补偿费用；同样地，在分配方案中未确定将安置补助费用和社会保险费用分配给农民个人的，失地农民不得请求支付该费用。但是，如果村集体已经形成了承包地补偿费用分配方案，当事人就该分配方案的履行提起的诉讼，属于人民法院的受案范围。

3.未实际取得承包经营权或土地四至不明的。根据《最高人民法院关于审理涉及农村土地承包纠纷案件适用法律问题的解释》第一条第二款规定，农村集体经济组织成员因未实际取得土地承包经营权提起民事诉讼的，人民法院应当告知其向有关行政主管部门申请解决。另外，村民虽获得了土地承包经营权，但是土地四至不明，要求村委会落实土地具体四至的，视为未实际取得土地承包经营权。也就是说，在取得补偿费用的基础还没有确认的情况下，应当先行处理承包经营权问题。

4.对分配的数额有争议的。根据《最高人民法院关于审理涉及农村土地承包纠纷案件适用法律问题的解释》第一条第三款规定，农村集体经济组织成员就用于分配的土地补偿费数额提起民事诉讼的，人民法院不予受理。

5.就分配方案不满的。对分配方案决议不满提起诉讼的，该事项属于

① 根据不同的情况，农村集体所有土地的发包方可能是农村集体经济组织或者村民委员会或村民小组。

村委会民主议定程序解决的事项，法院不予处理。根据《土地管理法》第四十七条第三款规定，多数被征地的农村集体经济组织成员认为征地补偿安置方案不符合法律、法规规定的，县级以上地方人民政府应当组织召开听证会，并根据法律、法规的规定和听证会情况修改方案。据此，对分配方案不满的，村民可以向上级行政机关反映。

二、承包地征收补偿费用主要有哪些？

根据《民法典》第二百四十三条第一款、第二款的规定，为了公共利益的需要，依照法律规定的权限和程序可以征收集体所有的土地和组织、个人的房屋以及其他不动产。征收集体所有的土地，应当依法及时足额支付土地补偿费、安置补助费以及农村村民住宅、其他地上附着物和青苗等的补偿费用，并安排被征地农民的社会保障费用，保障被征地农民的生活，维护被征地农民的合法权益。《土地管理法》第四十八条第一款、第二款规定，征收土地应当给予公平、合理的补偿，保障被征地农民原有生活水平不降低、长远生计有保障。征收土地应当依法及时足额支付土地补偿费、安置补助费以及农村村民住宅、其他地上附着物和青苗等的补偿费用，并安排被征地农民的社会保障费用。

据此，承包地征收补偿费用主要包括土地补偿费、安置补助费、地上附着物和青苗等的补偿费用。

1.土地补偿费：是指国家建设需要征用农民集体所有的土地时，国家依法向被征地单位支付的款项，其实质是对农村集体土地所有权的补偿。

2.安置补助费：是指国家征收集体土地后，安置被征地单位由于征地造成的多余劳动力的补助费用，通过支付安置补助费，保障以土地为主要生产资料和生活来源的失地农户的基本生活，安置补助费具有很强的人身性。

3.地上附着物和青苗等的补偿费用：地上附着物补偿费，是指针对被征收土地上的建筑物、构筑物，如房屋、水井、道路、管线等的拆迁和恢复费，以及被征收土地上林木的补偿或者砍伐费。青苗补偿费是对征收土地上生长的农作物，如水稻、小麦、玉米等造成的损失给予的一次性经济补偿费用。

三、承包地征收补偿费用归谁所有？

如前所述，承包地征收一般存在两个层面的法律关系，由于征收的法律关系存在于征收方与土地所有权人之间，一般来说，征收方会将土地补偿费、安置补助费、地上附着物和青苗等的补偿费用先行支付给农村集体经济组织，再由农村集体经济组织将这些费用支付给承包方。

1.土地补偿费：土地补偿费实质上是对集体土地所有权的补偿，土地所有权属于村集体，因此土地补偿费归农村集体经济组织所有，农村集体经济组织经过民主议定程序决议“分不分”“分给谁”“分多少”，该费用只能在本集体经济组织成员内部进行分配。

2.安置补助费：安置补助费具有很强的人身性，只有家庭承包方的集体经济组织成员享有安置补助费请求权。如果农户需要由村集体经济组织统一安置的，该款项归发包方统一管理和使用，用于发展生产和安排就业，发包方应当专款专用，不得挪作他用。由其他单位安置的，安置补助费支付给安置单位，已经统一安置的承包方无权请求发包方支付安置补助费；在农户放弃统一安置的情况下，安置补助费应当支付给该家庭承包方。

3.地上附着物和青苗等的补偿费用：根据《最高人民法院关于审理涉及农村土地承包纠纷案件适用法律问题的解释》第二十条，承包地被依法征收，承包方请求发包方给付已经收到的地上附着物和青苗的补偿费的，应予支持。承包方已将土地经营权以出租、入股或者其他方式流转给第三人的，除当事人另有约定外，青苗补偿费归实际投入人所有，地上附着物补偿费归附着物所有人所有。地上附着物和青苗等的补偿费用是为了弥补地上建筑物或者附着物及征收土地上栽种的作物的损失而支付的费用，该项补偿费用的取得不以具有本村集体经济组织成员资格为前提。

该条第二款是针对土地流转给第三方后，地上附着物和青苗等的补偿费用归属的规定，理解起来稍显复杂。其实“流转”一词并非严格意义上的法律术语，是承包农户处分其土地承包经营权的各种行为的总称，包括出租（转包）、互换、转让、入股等。[①]各种流转方式存在法律效果上的差异，根据“三权分置”的理论，承包地通过出租（转包）、入股等方式流转给第三方的，转让的仅是承包经营权，土地承包权不变，也就是说出租（转包）、入股并不影响承包方的地位，不改变原有的承包关系，针对补偿费用发生纠纷的，应当适用第二款。而以互换、转让方式流转土地承包经营权的，产生转移土地承包经营权的法律效果，双方当事人地位互换，成为彼此承包经营关系项下的承包人，相应的权利义务也发生转移，因此发生纠纷的，应当适用上述规定的第一款，不适用第二款。

应当指出的是，该条“除当事人另有约定外”的表述充分体现了意思自治的精神，当事人可以自行约定地上附着物和青苗等补偿费用的归属，在不违反法律、行政法规的前提下，该约定有效，应当尊重双方的约定。

承包地征收补偿费用分配纠纷涉及农民的核心利益，处理好此类案件需要多方配合形成合力。法院在处理案件中，需要在尊重村民自治和保护农民基本权利之间尽可能实现平衡。政府在该类纠纷的化解中也扮演着重要的角色，政府的参与协调，会降低案件阻力，提高办案效率。农村集体经济组织在制订分配方案时应当遵循和谐、公平的原则，兼顾集体和个人的利益。对于村民来说，应当提高法律意识，了解相关法律规定，依法理性反映诉求，维护自己的合法权益。

---

① 参见高圣平：《新型农业经营体系下农地产权结构的法律逻辑》，载《法学研究》2014年第4期。

案例三

农村妇女土地承包权益依法受保护

——承包地征收补偿费用分配纠纷

吕明[①] 石菲[②]

妇女在农村土地承包经营、集体经济组织收益分配、土地征收或者征用补偿费用使用以及宅基地使用等方面，享有与男子平等的权利。任何组织和个人不得以妇女未婚、结婚、离婚、丧偶等为由，侵害妇女在农村集体经济组织中的各项权益。实践中，农村集体经济组织以集体决议的形式侵害妇女权益的，受侵害方可以积极通过法律武器维护自己的合法权益。

基本案情

刘小芳与黎大壮原系夫妻关系，二人于2006年5月12日登记离婚。刘小芳与黎小美系母女关系。2004年10月20日，甲方东川村合作社与乙方刘小芳签订确权确利协议，约定："本农户应确权的人口数贰人，应确利金额合计300元/年；土地收益分配时间为每个收益年的12月31日前后两个月内；协议期限23年，自2005年1月1日—2027年12月31日；甲方有按本协议约定时间和给付标准及时足额向乙方分配应得土地收益的义务，不得截留、扣缴乙方应得的利益；乙方有服从国家、集体为了公共利益需要，依照法律规定对土地实行征收或者征用的义务，并依法享受相应的补偿。"

2018年9月1日，东川村村委会召开村民代表会议，讨论审议征地款分配方案。到会代表一致通过了该分配方案。分配标准为：（1）与本村签订土地确权确利协议并享有确权确利收益分配权利，同时享受现有本村福

---

① 北京市延庆区人民法院民事审判二庭法官助理。
② 北京市延庆区人民法院民事审判二庭法官。

利待遇的人员，每人分配金额7.9万元。（2）与本村签订土地确权确利协议并享有确权确利收益分配权利，同时因离婚不再享受村民福利待遇的外嫁入妇女，在确定将本人户口迁出本村，并与本村签订自愿终止确权确利协议书，放弃确权确利收益权利时，每人享有1万—3万元的一次性经济补偿。

2021年6月28日，刘小芳诉至法院，要求东川村村委会支付占地补偿7.9万元。审理中，双方确认确权确利协议中“本农户应确权的人口数贰人”为刘小芳及其女儿黎小美，刘小芳户口未迁出该村，确权确利协议约定的土地收益仍在发放，土地补偿款已由村委会进行了发放。

法院经审理后，依法判决东川村村委会于判决生效后七日内支付刘小芳补偿款7.9万元。

法理分析

农村集体经济组织的土地被征收的，农村集体经济组织可以通过民主议定方式经法定程序决定如何分配土地补偿费，但该决定不得侵害农村集体经济组织成员尤其是妇女的收益分配权，已经离异但户口未迁出本集体经济组织的妇女依然有权参与分配。实践中，损害农村妇女土地承包权益的情况时有发生，该案的审理有助于纠正部分基层干部、基层自治组织对土地政策及法律规定的错误认识，保护村集体中已婚、离异妇女的合法权益，提高基层组织民主自治水平，减少类似纠纷的产生。

一、土地补偿费的分配

农村集体经济组织成员有权依法承包由本集体经济组织发包的农村土地。承包地被依法征收、征用、占用的，承包方有权依法获得相应的补偿。土地补偿费归农村集体经济组织所有。土地补偿费实质上是对土地所有权的补偿，集体土地是农村集体经济组织全体成员的基本生活保障。为保障集体成员权益、促进集体经济内部和谐运转，一般而言，只要具有该集体经济组织的成员资格，就享有参与土地补偿费用分配的权利，且每个集体经济组织成员的分配权应当是均等的。

土地补偿费的使用及分配，是村集体经济组织内部事务，属于农村村民自治范围。农村集体经济组织或者村民委员会、村民小组，可以依照法律规定的民主议定程序，决定在本集体经济组织内部分配已经收到的土地补偿费。征地补偿安置方案确定时已经具有本集体经济组织成员资格的人，请求支付相应份额的，应予支持。在农村集体经济组织作出分配方案之前，农村集体经济组织成员向人民法院起诉要求分配土地补偿费的，不能作为民事案件受理。但已作出的土地分配方案侵犯个别集体组织成员合法权益的，受侵害方有权提起侵权之诉。

二、妇女土地承包权益保护

保护妇女在土地承包中的合法权益，是农村土地承包的一项重要原则。2001年《中共中央办公厅、国务院办公厅关于切实维护农村妇女土地承包权益的通知》明确指出："为了方便生产生活，妇女嫁入方所在村要优先解决其土地承包问题。在没有解决之前，出嫁妇女娘家所在村不得强行收回其原籍承包地。对于在开展延包工作之前嫁入的妇女，当地在开展延包时应分给嫁入妇女承包地。对于妇女嫁入时已经完成延包工作的，如当地实行'大稳定、小调整'的办法，应在'小调整'时统筹解决；如当地实行'增人不增地、减人不减地'的办法，则出嫁妇女原籍的承包土地应予以保留。不管采取什么办法，都要确保农村出嫁妇女有一份承包土地……妇女离婚或丧偶后仍在原居住地生活的，原居住地应保证其有一份承包地。离婚或丧偶后不在原居住地生活、其新居住地还没有为其解决承包土地的，原居住地所在村应保留其土地承包权。"

《妇女权益保障法》第五十五条、第五十六条规定，妇女在农村集体经济组织成员身份确认、土地承包经营、集体经济组织收益分配、土地征收补偿安置或者征用补偿以及宅基地使用等方面，享有与男子平等的权利。村民自治章程、村规民约，村民会议、村民代表会议的决定以及其他涉及村民利益事项的决定，不得以妇女未婚、结婚、离婚、丧偶、户无男性等为由，侵害妇女在农村集体经济组织中的各项权益。《农村土地承包法》第六条、第三十一条规定，农村土地承包，妇女与男子享有平等的权利。承包中应当保护妇女的合法权益，任何组织和个人不得剥夺、侵害妇女应当享有的土地承包经营权。承包期内，妇女结婚，在新居住地未取得承包地的，发包方不得收回其原承包地；妇女离婚或者丧偶，仍在原居住地生活或者不在原居住地生活但在新居住地未取得承包地的，发包方不得收回其原承包地。土地补偿款分配方案的内容必须符合法律规定，不得侵害村集体中已婚、离异妇女的合法权益。农村集体经济组织的土地被征收的，集体经济组织可以通过民主议定方式经法定程序决定如何分配土地补偿款，但该决定不得侵害集体经济组织成员尤其是妇女的收益分配权，已经离异但户口未迁出的农村集体经济组织成员依然有权参与分配。

刘小芳户口未迁出东川村，仍是该村的合法村民，应享受本集体经济组织成员相应的待遇，和本集体经济组织其他成员享有平等的分配权。东川村村委会已针对土地补偿款确定分配方案，故刘小芳有权要求村委会给付补偿款7.9万元。村委会抗辩刘小芳离婚不符合分配标准第一条给付7.9万元的条件，在刘小芳达到分配标准第二条的条件后享有1万—3万元的一次性经济补偿，明显违反了法律规定，侵犯了刘小芳的合法权益，不应采纳。

法条链接

《中华人民共和国民法典》

第二百四十三条第二款 征收集体所有的土地，应当依法及时足额支付土地补偿费、安置补助费以及农村村民住宅、其他地上附着物和青苗等的补偿费用，并安排被征地农民的社会保障费用，保障被征地农民的生活，维护被征地农民的合法权益。

《中华人民共和国妇女权益保障法》

第五十五条 妇女在农村集体经济组织成员身份确认、土地承包经营、集体经济组织收益分配、土地征收补偿安置或者征用补偿以及宅基地使用等方面，享有与男子平等的权利。

申请农村土地承包经营权、宅基地使用权等不动产登记，应当在不动产登记簿和权属证书上将享有权利的妇女等家庭成员全部列明。征收补偿安置或者征用补偿协议应当将享有相关权益的妇女列入，并记载权益内容。

第五十六条第一款 村民自治章程、村规民约，村民会议、村民代表会议的决定以及其他涉及村民利益事项的决定，不得以妇女未婚、结婚、离婚、丧偶、户无男性等为由，侵害妇女在农村集体经济组织中的各项权益。

《中华人民共和国农村土地承包法》

第六条 农村土地承包，妇女与男子享有平等的权利。承包中应当保护妇女的合法权益，任何组织和个人不得剥夺、侵害妇女应当享有的土地承包经营权。

第三十一条 承包期内，妇女结婚，在新居住地未取得承包地的，发包方不得收回其原承包地；妇女离婚或者丧偶，仍在原居住地生活或者不在原居住地生活但在新居住地未取得承包地的，发包方不得收回其原承包地。

第五十七条 发包方有下列行为之一的，应当承担停止侵害、排除妨碍、消除危险、返还财产、恢复原状、赔偿损失等民事责任：

……

（七）剥夺、侵害妇女依法享有的土地承包经营权；

……

《中华人民共和国村民委员会组织法》

第二十四条 涉及村民利益的下列事项，经村民会议讨论决定方可办理：

……

（七）征地补偿费的使用、分配方案；

……

村民会议可以授权村民代表会议讨论决定前款规定的事项。

法律对讨论决定村集体经济组织财产和成员权益的事项另有规定的，依照其规定。

第二十七条 村民会议可以制定和修改村民自治章程、村规民约，并报乡、民族乡、镇的人民政府备案。

村民自治章程、村规民约以及村民会议或者村民代表会议的决定不得与宪法、法律、法规和国家的政策相抵触，不得有侵犯村民的人身权利、民主权利和合法财产权利的内容。

村民自治章程、村规民约以及村民会议或者村民代表会议的决定违反前款规定的，由乡、民族乡、镇的人民政府责令改正。

《最高人民法院关于审理涉及农村土地承包纠纷案件适用法律问题的解释》

第二十二条 农村集体经济组织或者村民委员会、村民小组，可以依照法律规定的民主议定程序，决定在本集体经济组织内部分配已经收到的土地补偿费。征地补偿安置方案确定时已经具有本集体经济组织成员资格的人，请求支付相应份额的，应予支持。但已报全国人大常委会、国务院备案的地方性法规、自治条例和单行条例、地方政府规章对土地补偿费在农村集体经济组织内部的分配办法另有规定的除外。

法官普法

妇女的土地承包经营权并不因为外嫁、离婚或丧偶而当然丧失，如果妇女在新的居住地未取得承包地，其仍享有原家庭户项下的土地承包经营权。对于以户为单位的家庭承包地而言，遵循“增人不增地、减人不减地”的政策规则，承包地始终由该户内的家庭成员承包经营，但有除外情形：外嫁女或离婚、丧偶妇女在新居住地未取得土地承包经营权的，即便其户口已经不在家庭户内，仍享有土地承包经营权。值得注意的是，该权益通常指向土地利益，而非实际土地。很多妇女会在离婚后要求给付土地或要求就其土地重新造册登记，一般不会得到支持。虽然离异妇女依法与其他原家庭成员在承包合同有效期内依法平等享有承包土地的各项权益，但该权益并非按份共有关系，其无权要求按照份额给付家庭承包地或者按照份额对家庭承包地单独造册登记。此外，对于外嫁女是否必然丧失原家庭户内的土地承包经营权，处理原则以外嫁女是否在新居住地获得土地为要素。外嫁女户口未迁出原家庭，亦未在新居住地取得承包地的，仍享有原家庭承包地的利益，无权径行要求现村集体经济组织重新发包土地。

案例四

家庭承包户成员死亡后的土地承包关系

——土地承包经营权继承纠纷

吕明[①]

家庭承包中，土地承包经营权的权利主体是农户，户内成员可以是多个，也可以仅为一人，且户内成员处在流动状态。当农户中的成员死亡时，该土地承包合同关系项下的承包权、承包收益分配等会发生怎样的变化？

基本案情

王父与卓母系夫妻关系，二人共生育四名子女：王一、王二、王三、王四。王父于2010年8月死亡注销户口，卓母于2021年4月死亡注销户口。

1997年12月30日，王父作为家庭成员代表与村经济合作社签订《土地承包合同书》，王父户承包了村里的5.3亩土地，包括条领子3.7亩、西坟1.6亩，承包期自1998年1月1日至2027年12月31日。王二作为家庭成员代表与村经济合作社签订《土地承包合同书》，王二户承包了村里的10.518亩土地，包括大猪圈5亩、西墙外3亩、西官地1.21亩、王家坟1.308亩，承包期自1998年1月1日至2027年12月31日。

2020年10月23日，王三与村经济合作社签订《土地承包合同书解除协议》，约定承包方、发包方于1998年1月1日签订的《土地承包合同书》于2020年10月23日解除，重新签订《北京市农村土地家庭承包合同》。同日，王三作为家庭成员代表与村经济合作社签订《北京市农村土地家庭承包合同》，确认家庭合计拥有承包地5.3亩，包括条领子3.7亩、西坟1.6亩，承包期限自1998年1月1日至2027年12月31日，原二轮延包合同废止。

---

① 北京市延庆区人民法院民事审判二庭法官助理。

2021年6月，王二诉至法院，要求确认王二对条领子3.7亩、西圪1.6亩的承包地享有二分之一的土地承包经营权。

法院审理后，判决驳回了王二的诉讼请求。

法理分析

一、土地承包经营权的内容

土地承包经营权，是指土地承包经营权人为从事种植业、林业、畜牧业等农业生产，对其承包经营的耕地、林地、草地等享有占有、使用和收益的权利，属于用益物权。土地承包经营权是农村集体经济组织实行土地承包责任制的产物，以土地农民集体所有为基础，与集体经济组织成员身份紧密联系，并受到历史条件、国家政策等多重因素影响。在我国，农村和城市郊区的土地，除法律规定属于国家所有的以外，属于农民集体所有；宅基地和自留山、自留地，也属于农民集体所有。农村土地的所有权人是农民集体，即由每个农村集体经济组织成员共同构成的农民集体行使土地所有权。农民集体所有的土地，由农村集体经济组织发包。农户与发包方签订承包合同，土地承包经营权自合同生效时设立。农户取得承包经营权后，只取得对土地进行承包经营的权利，没有取得土地的所有权，该土地的所有权仍归农村集体经济组织所有。

二、我国农村土地承包制度

按照承包时期的不同，我国农村土地承包经历了两个阶段，根据中央政策文件的表述，分为第一轮土地承包、第二轮土地承包（又称二轮延包）。第一轮土地承包时期，我国正式建立了家庭联产承包责任制，在全国范围内实行农村土地承包到户，在不改变土地集体所有制的前提下，将耕地按照家庭人口数量进行承包分配，赋予了农民在一定条件下对土地占有、使用、收益的权利，实现了土地所有权和使用权的分离。第二轮土地承包时期，在第一轮土地承包的基础上，承包期延长三十年不变，承包期内实行“增人不增地、减人不减地”，成为二轮延包时普遍贯彻的一项基本政策。二轮延包之后，家庭承包经营为基础、统分结合的双层经营体制得到巩固。二轮延包承包期过半后，随着户籍制度改革和新出台的土地政策，以及《农村土地承包法》的修改，农村土地承包制度又有了新变化、新特征。2018年年底，全国人大常委会对《农村土地承包法》进行全面修正，将“三权分置”法律化，对土地承包权和土地经营权进行划分，新增了关于土地经营权的制度设计。新增“再延长三十年”的规定，明确承包户内成员权益规定，“农户内家庭成员依法平等享有承包土地的各项权益”，“土地承包经营权证或者林权证等证书应当将具有土地承包经营权的全部家庭成员列入”。“三权分置”将基于身份属性的承包权与具有经济价值的经营权分离，在土地承包经营权承担社会保障价值的基础上，通过分离经营权能，使其更大程度发挥经济价值的效用。

三、家庭承包的承包方是本集体经济组织的农户

土地承包经营的基本方式包含家庭承包和其他方式的承包。农村土地承包采取农村集体经济组织内部的家庭承包方式，不宜采取家庭承包方式的荒山、荒沟、荒丘、荒滩等农村土地，可以采取招标、拍卖、公开协商等方式承包。家庭承包方式取得的承包经营权以具有本集体成员身份为前提，仅限于本集体经济组织内部的农户进行承包。家庭承包以农户为生产单位，不以农民个人为单位进行承包，家庭成员个人不与土地承包经营权挂钩。如农户还在，农户内部的人员流动不影响土地承包经营权的内容和范围。以家庭承包方式经营的，在承包期内，实行“增人不增地、减人不减地”政策。总的来说，“增人不增地、减人不减地”，要求在二轮延包确权时以及之后的承包期内，各农户承包的土地面积不因农户内人口的增多而增多，也不因农户内人口的减少而减少，农户内成员的增减变动不影响农户作为土地承包经营权

权利主体的地位，农户内成员变动后由农户内现有的成员平等享有土地承包经营权。该政策将人口与土地承包的关系进行固定，在承包期内不再根据人口的变动重新调整承包地，以解决因人口变动导致承包制不稳定所带来的诸多问题。

本案中，王父作为家庭成员代表与村经济合作社签订土地承包合同，王父家庭户取得了条领子3.7亩、西圪1.6亩土地的承包经营权。王父去世后，承包地由该家庭户中的其他成员继续承包。2020年10月23日，王三作为家庭成员代表与村经济合作社重新签订土地承包合同，就上述土地的承包经营权进行确认。王二并非该家庭户中的成员，无权就上述承包地主张土地承包经营权。

四、除林地外的家庭承包取得的土地承包经营权不能继承

遗产是自然人死亡时遗留的个人合法财产。被继承人死亡后，其法定继承人可以继承的范围仅限于公民死亡时遗留的个人合法财产。农户承包经营的土地不属于法律允许公民所有的生产资料，农户取得承包经营权后，仅取得对土地进行承包经营的权利，没有取得土地的所有权。家庭承包经营权不属于公民死亡时遗留的个人合法财产，不能进行继承，法律另有规定的除外。当家庭承包户中的一人或几人死亡时，承包经营仍然是以户为单位，承包地由家庭承包户中的其他成员继续承包。在承包户的成员全部死亡后，该土地承包经营权消灭，不论承包人是否留有遗嘱或者遗赠，均不允许其他继承人继承土地承包经营权，承包地应由农村集体经济组织收回。承包地为林地的除外。林地家庭承包中，家庭承包户的成员全部死亡的，最后一个死亡的家庭成员的继承人，在承包期内可以继续承包，直到承包期满。

但是，承包收益是可以继承的。承包人对其承包的土地直接进行生产经营所获取的收益，以及流转土地经营权所收取的租金等收益，属于承包人的合法财产，在承包人去世时为其遗产，依法由其家庭成员继承。承包人死

亡时尚未取得承包收益的，对死者生前对承包所投入的资金和所付出的劳动及其增值和孳息，可以由发包单位或者接续承包合同的人进行合理折价、补偿。其价额作为遗产。本案中，王父家庭户取得了条领子3.7亩、西坟1.6亩土地的承包经营权，王父去世后，承包地由该家庭户中的其他成员继续承包。土地承包经营权不属于王父的遗产，王二不能主张继承土地承包经营权。如王父生前存在承包收益，王二可依法主张继承。

法条链接

《中华人民共和国民法典》

第三百三十条 农村集体经济组织实行家庭承包经营为基础、统分结合的双层经营体制。

农民集体所有和国家所有由农民集体使用的耕地、林地、草地以及其他用于农业的土地，依法实行土地承包经营制度。

第三百三十三条 土地承包经营权自土地承包经营权合同生效时设立。

登记机构应当向土地承包经营权人发放土地承包经营权证、林权证等证书，并登记造册，确认土地承包经营权。

第一千一百二十二条 遗产是自然人死亡时遗留的个人合法财产。

依照法律规定或者根据其性质不得继承的遗产，不得继承。

《中华人民共和国农村土地承包法》

第三条 国家实行农村土地承包经营制度。

农村土地承包采取农村集体经济组织内部的家庭承包方式，不宜采取家庭承包方式的荒山、荒沟、荒丘、荒滩等农村土地，可以采取招标、拍卖、公开协商等方式承包。

第四条 农村土地承包后，土地的所有权性质不变。承包地不得买卖。

第三十二条 承包人应得的承包收益，依照继承法[①]的规定继承。

---

① 现《民法典》继承编，下同。

林地承包的承包人死亡，其继承人可以在承包期内继续承包。

第五十四条 依照本章规定通过招标、拍卖、公开协商等方式取得土地经营权的，该承包人死亡，其应得的承包收益，依照继承法的规定继承；在承包期内，其继承人可以继续承包。

法官普法

本案涉及土地承包经营权是否可以继承的问题，这也是广大农村村民普遍关心的问题。因承包经营权的设立方式、土地性质和用途不同，法律对土地承包经营权的继承问题作出了不同的规定。家庭承包以户为单位签订承包合同，承包方是本集体经济组织的农户，而且农户不同于单个的“小家庭”。以家庭承包方式取得耕地、草地承包经营权，户内部分成员去世的，由于作为承包方的农户仍然存在，由户内其他成员继续承包经营，不发生继承的问题。如家庭成员全部死亡而导致农户消亡的，其承包经营权终止，承包地应由农村集体经济组织收回，承包经营权不能由该承包户以外的其他继承人继承，故耕地、草地承包经营权不存在继承的问题。但承包收益允许承包户以外的其他继承人依法继承。因林地承包具有收益慢、周期长、风险大等特点，林地承包的承包方死亡，其承包户以外的继承人可以在承包期内继续承包，即林地承包经营权是允许继承人继承的。承包期内，签订承包合同的人或者其他家庭成员死亡，只要尚有其他家庭成员，发包方不得随意调整或者收回承包地。

现阶段法院认定土地承包经营权的依据，普遍为二轮延包时农户与发包方签订的土地承包合同。虽然二轮延包是依据当时的政策在一轮承包基础上进行的，但作为一项用益物权，土地承包经营权的创设应当具备法定的形式。农户在一轮承包中享有了承包经营土地的权利，但这项权利并不必然延伸至二轮延包。在二轮延包中，原一轮承包的农户如果没有与农村集体经济组织签订土地承包合同，则其在二轮延包中未依法取得相应承包地的土地承包经营权。颁发土地承包经营权证，是对已有土地承包经营权的确认，确认的前提是土地承包经营权已经客观存在。如承包合同与土地承包经营权证发生冲突，应以承包合同作为确定农户取得土地承包经营权的依据。农户或者农民个人要承包经营村集体所有的土地，须与村集体经济组织签订书面土地承包经营权合同，通过合同形式明确双方的权利义务，确保自己依法取得的用益物权不受损害，亦避免产生分歧和争议。

案例五 违反土地规划和改变土地用途的土地经营权转让合同无效

——土地承包经营权转让合同纠纷

袁明[①]

在实际生产中，原土地承包经营权人为了获取更高利润，或者因经营方面的种种原因，常常将已有的土地经营权进行转让。但是作为承包人，必须严格遵守我国的土地用途管制制度，严格按照土地利用总体规划确定的用途使用土地。如果承包人违反土地规划和改变土地用途，违反我国的土地管理制度，那么即使将土地经营权进行转让，其后续的转让行为也是无效的。

基本案情

2010年8月6日，顺京农业公司与华荣公司签订土地承包经营权转让合同，约定顺京农业公司将位于北京市某区一处农业设施项目地块使用权及地上物所有权转让给华荣公司。主要内容包括："上述土地房屋建筑面积为15平方米，大棚使用面积为404平方米，土地使用面积为781平方米（含房屋面积、庭院、大棚面积），另附手写内容'另有通道9平方米'。土地使用年限详见土地使用证书。双方同意上述土地及地上物金额为16万元，华荣公司同意在2010年8月6日之前将16万元全部汇入顺京农业公司指定收款单位，顺京农业公司同意在2010年12月31日前向华荣公司交付土地及地上物。华荣公司应按期向顺京农业公司物业管理中心交纳各项水费、电费、物业费等费用。"华荣公司于签署合同当日支付给顺京农业公司土地

① 北京市延庆区人民法院审判管理办公室（研究室）法官助理。

及地上物款16万元。后顺京农业公司将合同记载的土地及地上物交付华荣公司。

2017年8月8日，地块所在镇人民政府向北京市规划委员会某分局出具《案件协查函》，请北京市规划委员会某分局出具包括该地块在内的种植园业主所搭建的建筑物是否取得规划许可的证明。协查结果为上述工程未取得《建设工程规划许可证》。同年8月24日，镇政府对该地块上的大门、围墙、看护用房、硬化地面予以拆除，损毁部分大棚。

2020年1月13日，华荣公司将顺京农业公司起诉至法院，要求顺京农业公司退还已支付的未履行使用年限的租金10.9万元。

庭审中，原告华荣公司向法庭提交了合同、收据、土地使用权证书、行政判决书、行政诉讼案件卷宗等证据。法院经审理后依法判决顺京农业公司于判决生效后七日内返还华荣公司租金10.9万元。

法理分析

我国《土地管理法》和《农村土地承包法》均禁止未经合法手续审批的改变土地用途的违法行为。承包土地、流转土地不得改变土地用途，严格限制农用地转为建设用地，对耕地实行特殊保护。未经合法手续审批改变土地用途的流转合同，应被认定为无效合同。本案中，华荣公司与顺京农业公司签订的合同约定土地合同承租期限为三十年，且双方约定的租金支付方式为一次性支付，不符合一般农业经营性租赁合同的租金支付方式；双方约定的占地面积包括房屋和庭院，收费项目包括水费、电费、物业费，且约定的交付条件包括厨房、卫生间等居住设施，超出了农业大棚用于种植所需的条件。另外，根据北京市规划委员会某分局出具的协查结果，涉案工程未取得《建设工程规划许可证》。镇政府根据规划部门的认定，对涉案地块上的大门、围墙、看护用房、硬化地面予以拆除。可见，案涉合同的实际目的并非单纯的农业种植，而是包含休闲居住成分，改变了原有土地用途和性质，违反了《土地管理法》的强制性规定，故双方签订的合同应属无效。合同无效后，顺京农业公司返还华荣公司的租金应按照华荣公司实际占用的时间予以酌减。现华荣公司主张返还租金的数额未超过法院核实应返还租金的数额，故对华荣公司主张的退还租金10.9万元的主张，法院予以支持。

法条链接

《中华人民共和国土地管理法》

第四条 国家实行土地用途管制制度。

国家编制土地利用总体规划，规定土地用途，将土地分为农用地、建设用地和未利用地。严格限制农用地转为建设用地，控制建设用地总量，对耕地实行特殊保护。

前款所称农用地是指直接用于农业生产的土地，包括耕地、林地、草地、农田水利用地、养殖水面等；建设用地是指建造建筑物、构筑物的土地，包括城乡住宅和公共设施用地、工矿用地、交通水利设施用地、旅游用地、军事设施用地等；未利用地是指农用地和建设用地以外的土地。

使用土地的单位和个人必须严格按照土地利用总体规划确定的用途使用土地。

《中华人民共和国农村土地承包法》

第十八条 承包方承担下列义务：

（一）维持土地的农业用途，未经依法批准不得用于非农建设；

（二）依法保护和合理利用土地，不得给土地造成永久性损害；

（三）法律、行政法规规定的其他义务。

《中华人民共和国民法典》

第一百五十三条第一款 违反法律、行政法规的强制性规定的民事法律行为无效。但是，该强制性规定不导致该民事法律行为无效的除外。

法官普法

一、什么是无效合同？

无效合同就是欠缺民事法律行为的有效条件，自始没有法律约束力，不发生法律行为固有效力的合同。在《民法典》实施之前，原《合同法》规定了五种合同无效的情形。《民法典》实施后，将合同效力方面的规定放在了总则编下民事法律行为一章的民事法律行为的效力一节，而未放在合同编合同的效力一章中，并且对原《合同法》关于无效合同的规定作了一些修改。《民法典》第一百四十四条规定："无民事行为能力人实施的民事法律行为无效。"第一百四十六条第一款规定，行为人与相对人以虚假的意思表示实施的民事法律行为（即通谋虚伪表示行为）无效。第一百五十三条规定："违反法律、行政法规的强制性规定的民事法律行为无效。但是，该强制性规定不导致该民事法律行为无效的除外。违背公序良俗的民事法律行为无效。"第一百五十四条规定："行为人与相对人恶意串通，损害他人合法权益的民事法律行为无效。"本案中，人民法院正是根据相关事实和《民法典》第一百五十三条之规定认定华荣公司和顺京农业公司签订的土地承包经营权转让合同无效的。

二、人民法院是否应主动审查合同效力？

毫无疑问，人民法院可以主动审查和认定合同无效。当合同违反了法律、行政法规的强制性规定或者损害了国家利益、社会公共利益时，即使双方合意的合同也不能得到法律的认可，人民法院当然可以主动认定合同无效。本案法院正是基于该法律规定认定涉案土地使用权转让合同无效。本案中，华荣公司和顺京农业公司达成合意后受让了涉案土地的使用权，并且向顺京农业公司支付了相应的对价，但是上述行为无法掩盖涉案土地使用权流转的违法性。

三、无效合同在法律上应该如何处理？

我国《民法典》第一百五十五条规定：“无效的或者被撤销的民事法律行为自始没有法律约束力。”第一百五十七条规定：“民事法律行为无效、被撤销或者确定不发生效力后，行为人因该行为取得的财产，应当予以返还；不能返还或者没有必要返还的，应当折价补偿。有过错的一方应当赔偿对方由此所受到的损失；各方都有过错的，应当各自承担相应的责任。法律另有规定的，依照其规定。”本案中，华荣公司显然明知其受让的土地被顺京农业公司改变了原有土地用途和性质，违反了《土地管理法》的强制性规定，但其为了经济利益仍然决定受让该涉案地块。因此，华荣公司也属于有过错的一方，也应当承担相应的责任。所以，在合同被认定无效后，华荣公司只能拿回其合同剩余期限内对应的租金，而无权主张其他方面的损失。顺京农业公司除必须退还给华荣公司相应的租金外，还将面临地上物被人民政府依法强制拆除的后果。

合理利用有限的土地资源，切实保护好耕地、林地等农业用地，是关系国计民生的大事。农村的耕地主要用于农业生产、种植，农民朋友如果需要在耕地上修建房屋，应根据《土地管理法》的相关规定依法办理土地用途变更登记手续，取得有关部门的行政许可。擅自在耕地上修建房屋、挖沙、采石、采矿、取土以及建窑、挖鱼池等，都是违法改变农村土地用途的行为。相关个人和集体在追求经济效益的同时，要进一步增强法律意识，切勿心存侥幸，触碰法律红线。

本章小结

随着城镇化的快速发展，农村承包地的市场价值亦逐年提升，随之而来的土地承包纠纷也呈上升趋势，结合本章的介绍，现就农村土地承包应该注意的相关法律问题总结如下：

一、以家庭承包方式取得的土地承包经营权的设立依据是土地承包经营权合同，土地承包经营权自土地承包经营权合同生效时设立。农村家庭农户或者农民个人要取得土地承包经营权，须与所在村集体经济组织签订书面土地承包经营权合同，通过合同形式明确双方的权利义务，确保自己依法取得的承包经营权不受损害，亦避免产生分歧和争议。

二、家庭承包以农户为生产单位，不是以农民个人为单位进行承包，家庭成员个人不与土地承包经营权挂钩。如农户还在，农户内部的人员流动不影响土地承包经营权的内容和范围。以家庭承包方式取得耕地、草地承包经营权，户内部分成员去世的，由户内其他成员继续承包经营，不发生继承的问题。如家庭成员全部死亡而导致农户消亡的，其承包经营权终止，承包地应由农村集体经济组织收回。林地承包的承包方死亡，其承包户以外的继承人可以在承包期内继续承包，即林地承包经营权是允许继承人继承的。

三、农民依法取得的土地承包经营权受法律保护，作为发包方的农村集体经济组织在承包期内不得随意变更或者解除承包经营权合同，违法调整和收回承包地，干涉承包方的农业生产经营自主权，损害承包方的土地承包经营权。确需调整和收回承包地的，应符合法律规定的条件，并且严格履行法律规定的民主议定程序，按照村民自治的原则进行调整或者收回。随意调整或者收回承包地的，属于违法行为。

四、承包方依法享有对承包地使用、收益的权利，有权依法互换、转让土地承包经营权，依法流转土地经营权。承包地被依法征收、征用、占用的，承包方有权依法获得相应的补偿。承包方在依法占有、使用和收益农村集体土地的同时，也应依法履行合理利用土地的法定义务，不得未经批准改变土地的农业用途，不得对集体土地造成永久性损害，否则应承担相应的法律责任。

五、妇女在农村土地承包经营、农村集体经济组织收益分配、土地征收或者征用补偿费用使用等方面，享有与男子平等的权利。任何组织和个人不得以妇女未婚、结婚、离婚、丧偶等为由，侵害妇女在农村集体经济组织中的各项权益。承包期内，妇女因结婚迁出农村集体经济组织的，如未在新居住地取得承包地，发包方不得收回其承包地。妇女离婚或者丧偶，仍在原居住地生活或者不在原居住地生活但在新居住地未取得承包地的，发包方也不得收回其承包地。

六、土地补偿费中已经分配给农村集体经济组织的部分，属于本集体经济组织成员集体所有。土地补偿费等费用的使用、分配办法应当依照法定程序经本集体成员决定，在农村集体经济组织作出分配方案之前，村民不得起诉要求分配土地补偿费用。对于已经确定分配给农村集体经济组织的土地补偿费，多少数额用于分配给村民、多少数额用于村公益事业等，是村民自治事项，不属于法院受案范围。对于已经确定了土地补偿费分配的总数额，在分配过程中，因具体人员身份问题少分或不分，该人员认为其民事权益受到侵害，请求按照同等数额分配土地补偿费的，属于法院受案范围。

第二章

农村建房施工合同

引　言

近年来，随着美丽乡村建设进程的加快，农民生活环境不断改善，农民改善生活住房的需求不断增加，随之而来的农村建房施工合同纠纷也呈多发趋势。农村建房施工合同纠纷可能关系到农民居所、农民工劳务费等基础民生问题，并且农村建房施工合同纠纷属于建设工程合同纠纷下的一类，在某些问题上具有专业性、复杂性。而农村建房施工合同纠纷的诉讼主体往往是农村村民、农民工等。因此，对农村建房施工合同纠纷的相关问题进行普法十分必要，本章就向大家介绍农村建房施工合同纠纷的相关法律问题。

案例一

保证基本质量，但不能标准过高

——农村建房施工合同纠纷的基本问题

赵书博[①]

农村建房施工合同纠纷常因建造农房者与施工方未能妥善履行双方约定的建造农村房屋相关事项而引发。如房屋质量问题、擅自改变工程量、未按图纸施工、拖延工期、拖延支付工程款等，都是农村地区较为常见的案件类型。本文将介绍一例典型的因施工质量问题引发拒付后续工程款等一系列争议的农村建房施工合同纠纷案件。

基本案情

小刘与小王商谈自家农宅新建翻建项目施工事宜，并于2021年9月3日签订施工合同。双方约定小王为小刘承建143平方米房屋，工程主体价格为每平方米1620元，合同外工程另外计算。小刘负责提供图纸，小王负责自行准备原材料后按照图纸施工。付款方式为：小王进场，付30%工程款；工程主体基础完工，付50%工程款；剩余款项待工程完工后三天内一次性付清。墙体施工规格为：外墙为37毫米厚度的砖墙；内墙为24毫米厚度的砖墙；非承重墙为12毫米厚度的砖墙。

房屋建成后，双方因工程量的核算及质量问题发生争议。小刘向小王给付49万元工程款后再未给付后续费用，小王多次催要工程款无果，故诉至法院，请求法院判令小刘支付剩余工程款16.3万元及迟延付款利息。小刘提出反诉，主张因施工质量存在问题需要维修房屋，请求法院判令小王支付维修费12万元。

---

① 北京市高级人民法院新闻宣传办公室法官助理。

庭审中，小刘申请工程质量鉴定。经双方协商，确认由某建设工程质量检测所作为鉴定机构。小刘预先交纳鉴定费2万元。经鉴定，该建设工程质量检测所出具了《司法鉴定意见书》，鉴定意见如下：（1）该房屋外墙外侧下部、院内墙体下部真石漆饰面层存在起鼓、脱落现象，不符合国家相关标准规范的规定；（2）该房屋南房门厅、客厅墙体饰面层下侧存在起皮、脱落现象，不符合国家相关标准规范的规定；（3）该房屋西侧散水混凝土存在粉化、起砂、脱落现象，不符合国家相关标准规范的规定；（4）该房屋南房、北房屋面脊瓦、平瓦局部存在松动现象，局部瓦片未采用固定钉进行固定，不符合国家相关标准规范的规定。

小刘对鉴定意见提出书面异议：（1）对《司法鉴定意见书》现场勘验调查记录中记载2019年4月对外墙补做真石漆有异议；（2）对《司法鉴定意见书》中记载真石漆饰面层存在起鼓、脱落现象有异议；（3）对《司法鉴定意见书》记载西侧散水存在粉化、起砂、脱落现象，属于现浇筑结构外观质量一般缺陷有异议，要求说明外观质量的缺陷是否影响了地基本身的功能。

针对小刘提出的异议，该鉴定机构出具书面《司法鉴定回复意见函》：（1）2019年4月对外墙补做真石漆是由被告所陈述内容，我所只是对陈述内容进行了记录，无法对其所述内容真实性进行辨别；（2）涉案房屋真石漆脱落部位抹灰层局部存在开裂、面层脱落现象，根据真石漆起鼓、脱落位置分析，上述现象主要由墙体根部受潮引起；（3）涉案房屋西侧散水混凝土存在石子、红砖外露现象，西侧散水混凝土破损对散水原有的使用功能存在一定影响。

对于《司法鉴定意见书》中所涉质量问题，小王称："真石漆不是我施工的，造成真石漆起鼓、脱落的原因是返潮，我让小刘墙面干燥后再喷真石漆，农村房屋离地面近的地方都容易返潮，这是自然原因。混凝土、屋面、瓦面是我施工的，屋面瓦没有必要都用钉子固定，因与小刘签订的合同是民间建房合同，不是国家的正规工程，没有约定质保期，也没有收质保的费用，建房时小刘检查合格后，施工方就不负责维修。"小刘称："真石漆是找其他公司做的，2018年10月才喷真石漆，距离建房已经一年了，足够晾干洋灰层，洋灰层七分脱落才是导致真石漆饰面层起鼓、脱落的原因，而且高处的墙面也开始脱落，鉴定意见说明小王的施工不符合国家标准。”

关于维修费用，双方均未申请鉴定，由法院酌情确认。小刘提交了屋顶瓦维修说明以及其咨询农村包工队及一家有资质的商业建筑装饰设计工程公司的屋顶维修报价单。小刘陈述：农村包工队报价为4万元，核算后维修瓦片单价为每平方米200元，费用包括人工费、拆除旧瓦费、铺装新瓦片费；沙子水泥不包含在每平方米200元中，如拆除清理瓦片时屋顶防水层破坏还需要重新做防水，防水也不包含在每平方米200元内。小刘提交的某建筑装饰设计工程公司报价单，报价合计64290.34元，包括税金、规费、安全文明施工费、措施项目、分部分项工程等费用。小王称其是农村施工队，与小刘签订的合同不是按照国家标准定的，都是小刘怎么说就怎么干，小刘都在旁边看着，农村盖房都是完工就结账，没有质保金的问题，也不存在维修期，自己没有维修义务，不同意维修。小王还表示，自己目前给别人盖房做房顶盖瓦，每平方米50元，小刘说的每平方米200元的价格太高。法院经审理后，判决小刘向小王支付剩余工程款10.4万元；小王向小刘支付房屋维修费3万元。

法理分析

一、农村建房施工合同纠纷一般不适用《建筑法》

庭审中，小王辩称：“农村的简易盖房合同不是国家的正规工程，我是农村施工队，与小刘签订的合同不是按照国家标准定的，都是小刘怎么说就怎么干。”这段说辞之所以很“经典”，是因为它指出了农村建房施工合同纠纷中需要用到的最重要的一个法律知识点——自建农村房屋和盖楼房适用同样的施工标准吗？

《建筑法》第八十三条第三款特别规定，抢险救灾及其他临时性房屋建筑和农民自建低层住宅的建筑活动，不适用本法。那么，什么是农民自建低层住宅？原建设部出台的《关于加强村镇建设工程质量安全管理的若干意见》（建质〔2004〕216号），将村庄建设规划范围内的农民自建两层（含两层）以下住宅视为农民自建低层住宅。《村镇建筑工匠从业资格管理办法》曾对农村自建低层住宅的建筑工匠提出了资质要求，但该部门规章已于2004年被废止。当前，农村建筑工匠审核资质尚无法可依。

也就是说，自建农村房屋和盖楼房是否适用同样的施工标准，需要视情况而定。两层以下（含两层）农村自建低层住宅因施工工艺相对较为简单，不要求施工方有资质。比如《北京市高级人民法院关于审理建设工程施工合同纠纷案件若干疑难问题的解答》第六条规定，施工人签订合同承建小型建筑工程或两层以下（含两层）农民住宅，或者进行家庭住宅室内装饰装修，当事人仅以施工人缺乏相应资质为由，主张合同无效的，一般不予支持。承建农村三层（含三层）以上房屋，不属于农民自建低层住宅，依法应纳入《建筑法》的调整范畴，如无相应资质，建房合同可能无效。施工质量亦受《建筑法》调整。

二、农村建房施工质量须达到通常标准

本案中，小王为小刘所建为两层农村自建低层住宅，故不适用《建筑法》，小王无须具备相应的建筑资质，施工质量也不以《建筑法》所要求的质量标准为依据。尽管如此，农村建房施工合同作为一类特殊的承揽合同，受到《民法典》中承揽相关法律规定的调整。小王作为承揽人，要对其承揽行为负责。也就是说，小王的施工质量仍需要达到农村自建低层住宅质量的通常标准。

一般农村建房工程质量问题可以区分为是否影响安全使用标准，是否符合一般居住使用标准以及一般影响工艺、美观等微小瑕疵标准三种情况。第一种情况是影响房屋安全使用的质量问题，比如房屋基础结构严重缺陷，或者被认定为危房等；后两种情况是普通质量问题，仅影响房屋的部分功能、美观效果等，比如墙皮脱落、地面不平、地砖空鼓等情况。本案中，小刘通过申请司法鉴定的方式，由建筑专业人士协助法院判定，房屋存在第二种质

量问题。实践中，还可以结合房屋现状对发包人的影响、损害范围、现场勘查情况、本地区施工标准、工程总量、一般市场情况等因素，综合判定房屋质量。

本案中，双方签订的施工合同虽未约定质量保证期和质量保证金，但确保建筑物符合基本质量要求是建筑行业的基本要求，即便没有约定质量保证期，承包人也应当承担合理期限内的维修义务。《司法鉴定意见书》可以证明涉案房屋的确存在一定质量问题。因双方就维修费用不申请鉴定，结合《司法鉴定意见书》的鉴定意见及在案证据材料，法院酌情确认维修费用为3万元。

三、农村建房工程款的确定

根据法律规定，对于合同价款，合同约定了的，依照约定；合同未约定而法律有规定的，可以参照法律规定；法律也没有规定的，可以参照交易习惯。因此，实践中有三种方法确定工程款：一是依据合同约定；二是参照法律规定；三是参照交易习惯。

本案中，双方签订的施工合同约定了工程主体单价，但就露台、雨棚、造型、后备房等特殊部分的工程量并未约定计价方式。小刘提交的《建筑工程建筑面积计算规范》就露台、雨棚的面积计量方式有明确规定，可以参考。小王辩称农村房屋不应当参照国家标准，法院认为，农村房屋也是建筑工程的一种，在当事人无特别约定的情况下，参照《建筑工程建筑面积计算规范》公平合理。关于后备房，该房屋不是正式房屋，但其建筑方式也不同于普通的院墙，法院参照双方之前协商过程中的对账价格，酌情予以支持。关于零工费，法院结合在案证据、双方陈述等酌情予以核算。关于扣除款，双方均认可南院门窗、瓷砖有扣除款，但对扣除款的具体金额有异议，结合在案证据，法院酌情予以支持。关于小刘主张的北房水电扣除款，由于合同对水电约定不明，结合现有证据及农村建房施工的常见情况，对小刘主张的北房水电扣除款不予支持。经综合计算，法院酌情确认欠付工程款金额为10.4万元。关于小王主张的迟延付款利息，因双方就工程款计算和施工质量存在争议，且经鉴定的确存在一定施工质量问题，故小王的利息主张，缺乏法律依据，法院不予支持。

四、反诉问题

反诉不同于反驳，反驳是事实的对抗，直接针对支持对方请求的事实。反诉则是请求的对抗，直接针对对方的诉讼请求。反诉是与本诉请求的对抗，由于诉讼请求所依赖的是实体上的救济权利，其实质上是两项权利的对抗。反诉并不直接否定对方的诉讼请求，而是通过主张新事实并提出一个反请求，形成两个请求之间的相互对抗，从而使对方的诉讼请求被抵销。法律允许提出反诉，旨在尊重当事人的自愿，并通过两个请求相互牵连的案件实现诉讼的便捷。农村建房施工合同纠纷中，涉及纠纷事项多，因此不乏出现反诉的情形。反诉也成了一种抗辩的诉讼策略。

法条链接

《中华人民共和国建筑法》

第八十三条　省、自治区、直辖市人民政府确定的小型房屋建筑工程的建筑活动，参照本法执行。

依法核定作为文物保护的纪念建筑物和古建筑等的修缮，依照文物保护的有关法律规定执行。

抢险救灾及其他临时性房屋建筑和农民自建低层住宅的建筑活动，不适用本法。

《中华人民共和国民法典》

第七百七十条第一款　承揽合同是承揽人按照定作人的要求完成工作，交付工作成果，定作人支付报酬的合同。

第七百八十一条　承揽人交付的工作成果不符合质量要求的，定作人可以合理选择请求承揽人承担修理、重作、减少报酬、赔偿损失等违约责任。

法官普法

前文已述，农村建房施工合同纠纷既可能属于承揽合同纠纷，也可能属于建设工程合同纠纷，这取决于农村自建房屋的层数。从广义上看，建设工程合同也是一种特殊的复合型承揽合同。相较于加工合同、定作合同、修理合同、复制合同、测试合同、检验合同等典型承揽合同，建设工程合同基于工作内容复杂度高、专业性强等考虑，对承揽主体、承揽方式、承揽内容施加了额外的法定条件。因此，法律法规对建设工程合同有特别规定的，适用该特别规定；没有特别规定的，适用承揽合同的有关规定。尽管2011年和2020年《民事案件案由规定》都明确将农村建房施工合同纠纷归类于建设工程合同纠纷项下，但也需要根据农村自建房屋的层数分情况考虑。

在处理农村建房质量、修复方案、修复费用问题时，第一，按照双方合同约定进行处理。第二，如果无约定或约定不明，尽量引导协商解决。第三，对于实质问题无法协商一致时，可以启动鉴定程序，但如果启动鉴定程序的成本过高，或者无法进行鉴定，可尽量引导当事人选择低成本处理方案，如引导当事人同意以咨询方式解决，咨询的对象不仅限于有资质的鉴定机构，亦可扩展至各类建筑从业人员等。第四，应尊重地方习惯和行业规范。长期以来，农村建房一般遵循当地习惯以及农村建筑行业的不成文规范，在国家出台相关强制性规定之前，在处理此类纠纷案件过程中，应当正视地区间的差别，尊重上述习惯及规范。第五，应尊重法官自由裁量。实践中，大量的农村建房施工合同纠纷存在内容约定不明确、鉴定启动难或者成本过高等情况，为了达到社会效果和法律效果的统一，承办法官经常会在遵循公平、诚信等原则的前提下，针对不同案件，对相关事项作出自由裁量，如对增项价款进行酌定、根据施工存在的质量瑕疵对工程款作出酌减等。

再次提醒农村建房当事人，务必签订书面合同，明确约定承揽方式、施工起止时间、工程款结算方式、施工质量标准、质量保证金、质量保证期等常见事项，并且尽量全程监督施工过程，确认好前一个施工环节后再进入下一个施工环节。

案例二

你"告"我，我也要"告"你

——农村建房施工合同纠纷中的反诉

于海旭[①]

在农村建房施工合同纠纷诉讼中，特别是在承包建房人作为原告起诉发包建房人索要工程款的情况下，房主往往会因为农村房屋建设的质量问题、垫付材料款、主张违约金等原因，在诉讼中独立提出相关请求，也即在诉讼中提出反诉。那么，在农村建房施工合同纠纷诉讼中，哪些具体情形可以提起反诉，提起反诉时，应当注意什么问题呢？

基本案情

2017年8月31日，陈军和祥龙公司签订了一份《建筑安装工程施工协议》，约定由祥龙公司以包工包料的方式承建陈军位于北京市延庆区的二层楼房工程。合同约定的单价为每平方米1450元，工程建筑面积为275平方米。约定的开工日期为2017年9月1日，竣工日期为2017年10月31日。付款方式为按工程进度付款。合同签订当天，双方又针对具体的施工项目签订了《施工项目一览表》。2017年9月15日，双方对正负零平面积进行了确认。2017年9月24日，双方对增加工程量进行确认，同意定价为2000元。2017年11月3日，双方对一层工程面积进行了确认。2018年4月16日，双方又对二层结顶面积进行了确认。在合同履行的过程中，陈军分八次付给祥龙公司工程款共计26万元。2018年8月8日，祥龙公司撤出施工。施工过程中，陈军为保证施工，支付了部分材料款。2020年10月12日，祥龙公司将陈军诉至法院，要求陈军支付所欠工程款8万余元并要求陈军承担违约责任，支付

---

① 北京市延庆区人民法院八达岭人民法庭法官。

违约金1万元。

在诉讼过程中，陈军虽然是被告，但他认为，在本案中，祥龙公司因工期延误导致并未按合同约定的日期完工。2018年后进行的施工都是由陈军自己垫付相关费用。2018年8月8日，祥龙公司未经陈军验收和同意便撤场离开，导致有四项尾活没有做完。厨房排烟道、门台阶踏板被损坏，答应更换却未更换，施工现场未清理，散水也没有做。

另外，陈军认为祥龙公司的施工还存在质量问题，电路不通、卫生间漏水、房顶漏水、阳台漏水。祥龙公司所主张的总工程款也与事实不符，按照合同约定应约为40万元。祥龙公司称房屋已交付使用也与事实不符，房屋并未交付使用。祥龙公司实际完成的工程量只价值24万元，自己已经支付了26万元，因此，不同意再支付工程款。而且，因祥龙公司延误工期导致陈军损失了节能补贴2万元，祥龙公司对此应承担违约责任。祥龙公司的违约行为还造成其无法按时入住而产生了租房费用，房屋存在质量问题需要修缮。综上，陈军基于本诉提出反诉，要求祥龙公司支付修缮费、违约金和租赁费共计7万元。

一审法院经过审理认为，依法成立的合同，对当事人具有法律约束力。当事人应当按照约定全面履行自己的义务。当事人一方不履行合同义务或者履行合同义务不符合约定的，应当承担继续履行、采取补救措施或者赔偿损失等违约责任。本案中，陈军与祥龙公司经协商签订了《建筑安装工程施工协议》，系双方当事人真实的意思表示，合同内容未违反相关法律的禁止性规定，属合法有效。双方均应全面履行自己的义务。祥龙公司履行了建房义务，陈军应履行支付工程款的义务。因此祥龙公司要求陈军支付剩余工程款的诉讼请求，法院予以支持。但是祥龙公司在建房过程中应全面履行义务并保证建房的质量，对于陈军所提出的房屋存在的问题，根据陈军提供的证据，应属于质量瑕疵范畴，并未明显危及使用，另剩余工程陈军已找他人完成并已入住房屋。质量不符合约定的，应当按照当事人的约定承担违约责任。对违约责任没有约定或者约定不明确，依照法律规定仍不能确定的，受损害方根据标的的性质以及损失的大小，可以合理选择要求对方承担修理、更换、重作、退货、减少价款或者报酬等违约责任。且双方就工程质量问题分歧较大，不便再由祥龙公司承担修理、重作等违约责任，故酌定祥龙公司对工程质量存在的瑕疵和未完成工程量承担减少价款的责任。根据本案查明的事实及双方提交的证据，陈军所欠祥龙公司工程款应为60325元。法院综合考虑全案案情、未完成工程量予以扣减、工程实际存在的瑕疵程度、本地农村建房实际等因素，对祥龙公司要求陈军支付工程款的数额予以酌减，酌定陈军应支付剩余工程款5万元。对于祥龙公司要求支付违约金的诉讼请求，因祥龙公司存在工期延误的情形，陈军有未按约定支付工程款的情形，双方均有未按合同约定履行义务的情况，法院对违约金不予支持。对于陈军反诉要求赔偿7万元的诉讼请求，因经法院确认，陈军仍欠付祥龙公司工程款，已对其反诉请求所述的未完成工程量和质量瑕疵等予以酌减，对于其他反诉内容，陈军未提供证据予以证实，因此对于其反诉请求，法院不予支持。

综上所述，法院判决陈军支付祥龙公司工程款5万元，驳回祥龙公司的其他诉讼请求，驳回陈军的反诉请求。

一审法院判决后，陈军对判决结果不服提起了上诉。二审法院认为，陈军与祥龙公司签订的《建筑安装工程施工协议》系双方当事人的真实意思表示，未违反法律、行政法规的禁止性规定，合法有效，双方均应依约履行自己的义务。

对于工程款数额的认定，双方在诉讼中均认可祥龙公司完工的面积包含一层面积141平方米、二层面积144.3平方米，共计285.3平方米，按照《建筑安装工程施工协议》中约定的单价每平方米1450元，工程款共计413685元。此外，陈军在二审中认可一层顶板套子钢筋加大到33厘米×20厘米，应当增加工程款2000元，二审法院对此予以确认。对于一层顶板是否存在钢筋单层双向改为双层双向的问题，二审法院认为，《建筑安装工程施工协议》中约定的一层顶板为单层双向，陈军主张双方签订合同时对于一层顶板钢筋协商定为双层双向，但并未就此提供证据予以证明，二审法院对陈军的主张不予采信，一审法院认定祥龙公司主张此项应当增加工程款4640元，并无不当。故陈军的应付工程款总额为420325元。本案中，陈军已经支付了26万元工程款，双方不持异议，法院予以确认。对于陈军垫付的材料费金额，陈军主张其垫付材料费122255元，祥龙公司对此不予认可，鉴于陈军提供的票据与手写的《垫付工程款明细》，与其在诉讼中主张的垫付材料费不具有一一对应关系，一审法院结合陈军提交的票据、合同约定等确认应扣除的垫付款酌定为10万元，并无明显不当，法院予以确认。因此，陈军还应向祥龙公司支付工程款60325元，一审法院对此认定正确，法院予以确认。

根据法院查明的事实，祥龙公司未按照约定时间竣工，且其施工存在未完工工程和部分质量瑕疵，一审法院酌定祥龙公司对工程质量存在的瑕疵和未完成工程量承担减少价款的责任，具有事实和法律依据，一审法院综合考虑全案案情、未完成工程量予以扣减、工程实际存在的瑕疵程度、本地农村建房实际等因素，对祥龙公司要求陈军支付工程款的数额予以酌减，并最终确定陈军支付祥龙公司工程款5万元并无不当。陈军上诉主张其不应当支付前述款项，并且主张一审法院存在漏判的理由，不具有事实和法律依据，法院不予支持。对于陈军主张的祥龙公司应支付违约金2万元和租赁费损失3万元的上诉请求，不具有合同和法律依据，一审法院未予支持，所作处理并无不当。综上所述，二审法院认为陈军的上诉请求不能成立，应予驳回；一审判决结果正确，应予维持。判决驳回上诉，维持原判。

法理分析

本案是较为典型的在农村建房施工合同纠纷中提起反诉的案例，那么，什么是反诉呢？

《民事诉讼法》第五十四条规定，被告可以承认或者反驳诉讼请求，有权提起反诉。所谓的反诉是指在原来的诉讼中，被告作为相关请求的原告，向对方主张相关权利。虽然《民事诉讼法》第五十四条规定了被告有权提起反诉，但是没有具体规定反诉的要件和程序。《最高人民法院关于适用〈中华人民共和国民事诉讼法〉的解释》中详细规定了反诉的具体要件，根据《最高人民法院关于适用〈中华人民共和国民事诉讼法〉的解释》第二百三十二条、第二百三十三条的规定，在案件受理后，法庭辩论结束前，原告增加诉讼请求，被告提出反诉，第三人提出与本案有关的诉讼请求，可以合并审理的，人民法院应当合并审理。反诉的当事人应当限于本诉的当事人的范围。

反诉与本诉的诉讼请求基于相同法律关系、诉讼请求之间具有因果关系，或者反诉与本诉的诉讼请求基于相同事实的，人民法院应当合并审理。反诉应由其他人民法院专属管辖，或者与本诉的诉讼标的及诉讼请求所依据的事实、理由无关联的，应当裁定不予受理，告知另行起诉。也就是说，反诉除了要具备与原告一样的起诉条件，还要满足以下要件：（1）反诉应由本诉被告对本诉原告提起，即反诉的当事人应限于本诉当事人的范围；（2）反诉要在案件受理后，法庭辩论终结前提出；（3）反诉与本诉在诉讼标的、诉讼请求或者案件事实方面要存在法律上的牵连关系；（4）反诉与本诉应当适用相同的审判程序审理；（5）反诉的管辖应当合法。

需要注意的是，有些案件是不存在反诉情形的，如离婚纠纷、继承纠纷等，这些案件中，当事人互为原被告，因此不需要提起反诉。在提起反诉时，也需要像原始起诉一样，交纳反诉费用，如未按照要求交纳费用，将按自动撤回反诉处理。除此之外，还需注意的是，反诉以本诉存在为前提，也就是说无本诉则无反诉。不过，反诉具备诉的构成要件，不同于本诉，是新的、独立的诉，所以若本诉撤回或终结，而反诉原告不撤回反诉使反诉尚未审结的，则应当继续审理反诉，直至法院作出判决。

具体到农村建房施工合同纠纷中，提起反诉的情形大多发生在承包建房人作为原告起诉要求发包建房人支付工程款的案件中，发包建房人如果有房屋建设质量问题需要修复、需要扣除垫付材料款或对方使用器具费用、要求对方支付违约金等情形，就可提起反诉。当然，如果单纯是对对方的请求进行答辩，没有独立请求，那么就不必提起反诉。提起反诉也需要有相应的证据支持，遵循“谁主张，谁举证”的举证责任分配原则。如果没有相关充分证据证明反诉请求的，法院也不会支持当事人的反诉请求。另外，需要注意的是，现实中，有的当事人觉得“气不过”而提起反诉，但心里明知道没有证据或者法院根本不会支持自己的反诉请求，这样不仅会浪费反诉费，也会使案件审理时间变长，进而提高诉讼成本。因此，建议大家理性诉讼，谨慎提出反诉请求。

法条链接

《中华人民共和国民事诉讼法》

第五十四条 原告可以放弃或者变更诉讼请求。被告可以承认或者反驳诉讼请求，有权提起反诉。

《中华人民共和国民法典》

第五百七十七条 当事人一方不履行合同义务或者履行合同义务不符合约定的，应当承担继续履行、采取补救措施或者赔偿损失等违约责任。

法官普法

根据以上分析，反诉涉及的专业问题比较多，对普通百姓来说，反诉的操作比较复杂，专业性比较强，但是，在诉讼中不必过多担心，通常情况下，法官会向相关当事人释明需要提起反诉的情形。此外，法官也会明确提出反诉的时间、要件。如果因为某些原因，相关当事人未在本诉中提出反诉，也可以独立起诉，提出请求，但这样有可能浪费司法资源。因此，还是建议，在理性诉讼的前提下，如果能够提出反诉，就在本诉中一并提出，以彻底解决矛盾纠纷，达到定分止争的效果。

案例三

遇到专业问题都犯难？不怕！

——农村建房施工合同纠纷中的鉴定以及中立评估人

于海旭[①]

农村建房施工合同纠纷属于建设工程合同纠纷的特殊情形，因此，在农村建房施工合同纠纷诉讼中，可能会涉及大量的专业问题。其中，最主要的两个专业问题即工程量和工程质量，在双方当事人的争议焦点与上述两个专业问题有关，双方存在争议时，原则上往往需要参考鉴定意见。那么，在农村建房施工合同纠纷诉讼中，无法通过鉴定得出对专业问题的意见时，应该如何处理呢？

基本案情

2019年，王小福与张大俊口头约定，由王小福承包张大俊农村房屋的装饰装修工程。施工从2019年3月开始，至2019年11月结束。装修过程中，张大俊给付工程款17万元，之后便不再给付工程款。为索要工程款，王小福将张大俊诉至法院。诉讼中，双方对于施工的工程量存在较大争议，张大俊针对施工质量问题提出反诉，要求扣除因王小福施工质量问题产生的修复费用。庭审中，王小福为确认其完成的装饰装修工程价款，申请对其完成的装饰装修进行工程造价鉴定。工程造价司法鉴定报告书得出的鉴定意见为：该房屋的北房、东房、西房的装饰、内外装修以及院子装修工程价值198404.33元。但因双方对于王小福使用张大俊提供的沙子、水泥、电线的数量、规格有异议，鉴定意见对上述项目只给出了相应参考价格，并未予以扣除。

庭审中，张大俊申请对涉案房屋装饰装修的工程质量及修复方案进行鉴定，但2021年3月24日，鉴定公司出具终止鉴定告知书，表示该房屋的

① 北京市延庆区人民法院八达岭人民法庭法官。

北房、东房、西房的装饰、内外装修以及院子装修工程的工程质量及修复方案鉴定，因无相关设计图纸和施工合同而无法进行。根据《司法鉴定程序通则》第二十九条第一款第三项终止此次鉴定。此后，经双方当事人同意，法院委托具有资质的中立评估人介入，经法院及中立评估人现场勘验，中立评估人给出的评估结果为修复质量问题需要7588.64元。

法院经审理认为：依法成立的合同，对当事人具有法律约束力。当事人应当按照约定全面履行自己的义务。当事人一方不履行合同义务或者履行合同义务不符合约定的，应当承担继续履行、采取补救措施或者赔偿损失等违约责任。当事人对自己的主张有责任提供证据。当事人对自己提出的诉讼请求所依据的事实或者反驳对方诉讼请求所依据的事实，应当提供证据加以证明，但法律另有规定的除外。在作出判决前，当事人未能提供证据或者证据不足以证明其事实主张的，由负有举证证明责任的当事人承担不利的后果。本案中，王小福与张大俊口头约定，由王小福为张大俊的房屋进行装饰装修，双方虽未签订书面合同，但口头约定内容不违反法律法规的强制性规定，对双方具有拘束力。王小福应当按照约定进行装饰装修，张大俊应当支付工程款对价。根据鉴定意见，王小福的装饰装修工程造价为198404.33元，但应扣除王小福使用张大俊材料的折价款。关于扣除部分，双方的争议焦点在于沙子、水泥和电线的使用量及规格。因双方均未提供充分证据证明自己的主张，但王小福自认确实使用了张大俊的材料，对此法院酌情扣除材料折价款2000元。再扣除张大俊已经给付的17万元，张大俊还应给付王小福工程款26404.33元。关于张大俊反诉请求，张大俊要求扣除的材料费，没有争议的部分已经在工程造价中予以扣除，有争议的沙子、水泥和电线部分，已在上述给付剩余工程款中扣除。另外，法院经现场勘验，确认张大俊主张的部分质量问题的确存在，而纳入中立评估人评估范围的项目及计价方式较为合理，法院予以确认，返修费用为7588.64元。关于鉴定费，法院根据案件情况酌定由王小福负担4658元，由张大俊负担3713元。因王小福已经垫付全部鉴定费，张大俊负担部分应直接给付王小福。至于双方其他的请求和意见，因没有充分证据予以佐证，法院不予考虑。

综上所述，法院判决张大俊于判决生效后七日内支付王小福工程款、鉴定费共计3万元，王小福于判决生效后七日内给付张大俊工程质量返修费用7588.64元，驳回王小福的其他诉讼请求，驳回张大俊的其他反诉请求。

法院裁判后，双方均没有上诉，判决现已生效。

法理分析

在民事诉讼中，如果双方当事人争议的事实属于专业范畴，就需要通过鉴定意见来确认相关事实，因为“法官只懂得法律”。那么，什么是鉴定意见呢？我国《民事诉讼法》第六十六条第一款规定了八种证据形式，其中第七项就是鉴定意见。所谓鉴定意见是指鉴定人运用自己的专业知识和技能，对民事案件的某些专业性问题进行分析、鉴别后对专业问题作出的书面意见。如医学鉴定、产品质量鉴定、技术鉴定、文书鉴定、工程质量鉴定、会计鉴定等。鉴定意见的主要特点是其仅针对诉讼中有待查明的事实问题作出。例如在医疗损害责任纠纷中判断医疗行为与病人损害之间是否存在因果关系，必须通过鉴定意见得出结论。同样地，在农村建房施工合同纠纷中，如果双方当事人对于建设的工程量有争议，如建设了多少、还有多少没建等问题，就属于专业性问题，又如农村房屋房主主张房屋建设质量存在问题，也属于专业问题。这些专业问题，原则上都需要通过鉴定意见确定相关事实。但在实际情况中，农村建房施工合同纠纷还较为复杂。农村建房施工合同虽然属于建设工程合同的一类，但是现实中农村建房施工合同远没有建设工程合同规范，这体现为两点：一是大多数的农村建房施工合同都是口头约定，并无书面合同，即使部分有书面合同，也是非常简单的书面合同。因房主和施工人大都是农民，法律知识比较缺乏，大部分当事人没有签订条款完善的合同，很多时候只是简单列举合同金额、时限日期等双方主要权利义务的条款，内容简单。对于可能存在的质量风险，如建筑材料的质量规格、施工质量规范、工程结束后的验收标准等很少作出约定。二是大多数的农村建房施工合同没有图纸。由于施工人多是无资质的农民建筑队，缺乏相应的从业培训，因此，一般没有施工图纸。极少数有施工图纸的，也不是特别规范和专业，且施工过程中，房主往往会根据实际情况变更施工方案，因此，此时的图纸参考价值也不大。

如前所述，在农村建房施工合同纠纷中，如果涉及工程量、工程质量问题，原则上需要通过鉴定意见确认相关事实，但如果需要进入鉴定程序，就要具备一定的条件和诉讼成本。就建设工程类的鉴定而言，鉴定的基础条件包括双方约定明确、详细的书面合同以及施工图纸。而如前所述，现实中的农村建房施工合同纠纷中很少有规范的书面合同和施工图纸，因此，农村建房施工合同中的专业问题很难通过鉴定解决。之所以不能通过鉴定解决，还有一点非常重要的原因，就是前文提到的，农村建房中的施工人往往不具有一定的资质，无法像正规建设工程那样有强制性的建设标准和质量标准，而我国对农村建房的建设标准和质量标准尚没有统一的规定，鉴定机构鉴定时没有参考的标准。如果强行参照国家最低建设标准和质量标准进行鉴定，那么可能会对一方当事人不公平。此外，鉴定成本也是影响正常农村建房施工合同纠纷鉴定的一个重要因素。通常情况下，农村建房施工合同纠纷的标的比较小，不像正规的建设工程合同那样标的较大。而司法鉴定的成本往往是较高的。举例来说，在司法实践中，遇到过这样的情况，当事人的诉讼请求为5万元，可是鉴定费用就花了8万元，司法鉴定成本已经超出了诉讼请求，造成诉讼成本与请求成本严重失衡。不仅是农村建房施工合同纠纷中存在这样的情况，只要是涉农村房屋类的诉讼，如财产损害赔偿、排除妨害纠纷、租赁合同纠纷，如涉及鉴定，都有可能出现上述鉴定成本过高的现象，这样的话，即使进行了裁判，帮助当事人解决了纠纷，裁判的社会效果也不是特别好。

对于鉴定不能的问题，有人可能会说，如果鉴定不能，那么就可以按照举证责任分配的原则进行裁判，由举证鉴定不能的一方承担不利后果。但在现实生活中，裁判还是要以解决老百姓的实际问题和困难为原则，否则，法院裁判的法律效果和社会效果将达不到一般人的合理期待，不利于经济社会的发展和稳定，因此，解决农村建房施工合同纠纷中鉴定不能的问题还需要寻求其他路径。

为了解决农村建房施工合同纠纷中鉴定不能的问题，北京市延庆区人民法院结合地区审判实践，尝试探索在农村建房施工合同纠纷中引入中立评估人制度。所谓的中立评估人，是指在农村建房施工合同纠纷中，如果无法进行鉴定或进行鉴定需要花费巨大的成本，那么当事人可以委托当地具有相应资质的土建专家作为中立评估人，对相关的工程量、工程质量等专业问题进行评估鉴定，并出具相应的中立评估人意见供法官裁判参考。那么，司法实践中引入中立评估人需要具备哪些条件呢?

首先，引入中立评估人的大前提是鉴定不能，即在农村建房施工合同纠纷中涉及专业问题，需要通过鉴定意见认定相关事实，但鉴定机构无法给出鉴定意见。其次，评估的内容允许根据中立评估人意见确定，这里需要强调一下，有些鉴定，如房屋主体结构质量、是否构成危房、因果关系等重大事项的鉴定必须经过司法鉴定，不能由中立评估人给出意见。再次，引入中立评估人需要由双方当事人委托，或者一方当事人委托，对方表示同意。最后，当事人要明确表示接受中立评估人意见的拘束。即当事人同意中立评估人介入，中立评估人经过勘验作出评估后，一方当事人认为评估意见对自己不利，予以否认的，不影响法官对于中立评估人意见的采纳。

司法实践证明，引入中立评估人制度能够更好地节约诉讼的时间和金钱成本，避免纠纷陷入长时间的鉴定中。此外，中立评估人一般都是当地具有土建资质的专业人员，他们更了解当地的行情，作出的评估意见更贴合实际，更容易让当事人接受。因此，在农村建房施工合同纠纷中，可以根据实际情况引入中立评估人。

法条链接

《中华人民共和国民事诉讼法》

第六十六条 证据包括：

（一）当事人的陈述；

（二）书证；

（三）物证；

（四）视听资料；

（五）电子数据；

（六）证人证言；

（七）鉴定意见；

（八）勘验笔录。

证据必须查证属实，才能作为认定事实的根据。

第七十九条 当事人可以就查明事实的专门性问题向人民法院申请鉴定。当事人申请鉴定的，由双方当事人协商确定具备资格的鉴定人；协商不成的，由人民法院指定。

当事人未申请鉴定，人民法院对专门性问题认为需要鉴定的，应当委托具备资格的鉴定人进行鉴定。

法官普法

在农村建房施工合同纠纷中，往往会涉及专业问题，这些问题原则上需要通过鉴定来解决。但司法实践中，由于司法鉴定的成本较高、鉴定周期长等原因，往往使农村建房施工合同纠纷通过鉴定方式解决达不到预期的法律效果与社会效果。加之当事人之间的农村建房施工合同的不规范性，缺少图纸等因素，绝大多数的农村建房施工合同无法通过司法鉴定给出查明事实的相应意见。所以，在鉴定不能的情况下，引入中立评估人就很有必要。当然，如果当事人坚持想通过司法鉴定解决相关专业问题，那么在合同订立环节就要完善农村建房施工合同，合同的条款乃至施工用料等信息约定越详细越好，另外施工图纸也是必不可少的。如果农村建房施工合同不规范，又缺少相应的施工图纸、建材标准等，那就无法通过司法鉴定确认相关专业问题。对于这种情况，还是建议双方当事人通过委托中立评估人来解决问题。

案例四

谁雇佣，谁负责

——与农村建房施工合同有关的提供劳务者受害责任纠纷

赵书博[1]

尽管与城镇中的大型建设工程施工相比，农村建房施工难度不高、工程量不大、工程期限不长，但是在施工过程中，仍然可能出现意外伤亡事故。最常见的情况是受雇的施工人员在盖房过程中出现伤亡。那么，一旦发生事故，该由谁负责？

基本案情

老李打算翻建自家老宅，请老尤帮忙。两人约定，老李把自家老宅翻建的工程交给老尤（包工又包料），按照每平方米1800元的价格向老尤结算工程款。为此，老尤雇佣了小张帮忙打下手，按照每天300元的“工资”标准，向小张支付“工资”。然而，在翻建房屋过程中，小张往二楼搬运瓷砖时不慎从楼梯拐角处跌落受伤，但其并未就医治疗，后自行回家，次日早晨死亡。经公安机关鉴定，小张因高坠形成颅脑损伤导致死亡。

老尤因此构成重大责任事故罪，被法院判处有期徒刑一年四个月，缓刑二年。小张的父母向法院提起民事诉讼，要求老李、老尤赔偿死亡赔偿金、被扶养人生活费、丧葬费、误工费等各项损失共计100万元。

法院审理后，判决老尤赔偿小张父母死亡赔偿金、被扶养人生活费、丧葬费、误工费等各项损失共计100万元。

---

① 北京市高级人民法院新闻宣传办公室法官助理。

法理分析

这里先帮读者朋友们梳理一下案件当事人之间的法律关系（见图1）。

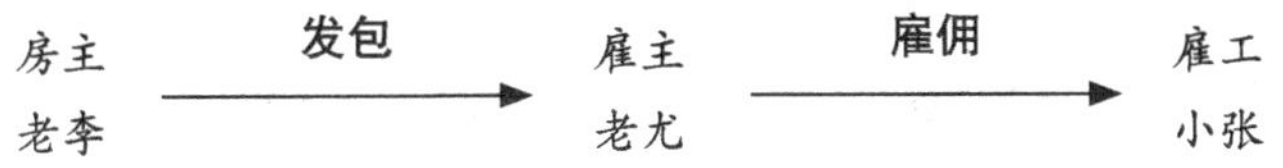

图1　案件当事人法律关系示意图

小张的父母同时起诉了房主老李和雇主老尤，要求二人对小张的坠亡承担赔偿责任。那么，对于雇工坠亡，房主和雇主分别应承担什么法律责任？

读者朋友们可以先从日常生活经验出发，凭借朴素的正义感，想想法院会怎么判决？不少读者可能会觉得，给房主和雇主干活的人都去世了，房主和雇主不赔偿肯定说不过去。也有读者可能会疑惑，房主不就是雇主吗？还有读者可能认为，房主把翻建的工程全部包出去了，雇工小张也不是房主直接找的，赔偿是否太“冤枉”？甚至可能会有读者认为，小张坠亡纯属自己不小心，怨不得别人。从生活经验出发的种种判断，或许都能从日常生活中找到对应的依据。那么法律又是如何一锤定音、定分止争的呢？

第一步，确定纠纷涉及的核心法律关系。面对所有的民事纠纷，第一步也是最重要的一步，就是确定纠纷的法律性质。也就是说，要首先确定纠纷事实涉及什么样的核心法律关系。以本案为例，纠纷事实主要表现为提供劳务者受伤去世。待解决的主要法律问题是：谁应该对提供劳务者的伤亡负责？如何负责？根据本案纠纷事实和待解决的主要法律问题，可以将其概括为“个人之间形成的劳务关系中，提供劳务者受害责任的承担”，这也就是民事诉讼过程中常说的“案由”。“提供劳务者受害责任纠纷”案由，涉及的核心法律关系是“个人之间形成的劳务关系”。

第二步，确定纠纷涉及的核心法条。针对“提供劳务者受害责任纠纷”的案由，所涉及的核心法条是《民法典》第一千一百九十二条第一款的规定：“个人之间形成劳务关系，提供劳务一方因劳务造成他人损害的，由接受劳务一方承担侵权责任。接受劳务一方承担侵权责任后，可以向有故意或者重大过失的提供劳务一方追偿。提供劳务一方因劳务受到损害的，根据双方各自的过错承担相应的责任。”

第三步，拆分核心法条中的法律概念。根据上述规定，结合案情，有两个概念需要弄清。一是什么是“提供劳务”与“接受劳务”。二是如何理解过错。也就是说，结合小张受雇的来龙去脉以及受伤过程，还需要考虑两个问题：一是谁是接受小张提供的劳务一方。是房主老李、雇主老尤，还是二人都是？二是提供劳务的小张与接受小张劳务的一方，对小张受伤之事，各自存在过错吗？

第四步，拆分事实要素，与法律概念对照分析。老尤包工包料承包老李家老宅翻建的工程，老李除按照每平方米1800元的价格向老尤结算工程款外，并不对老尤的施工过程全程指示、管理、监督，并不过度干预老尤的施工过程。相较于翻建过程，老李更在意结果，即老尤能否按期、按照约定，建好自己想要的房屋。因此，老李与老尤之间不是雇佣关系，而是承揽（承包）关系。与此不同的是，老尤按照每天300元的“工资”向小张结算劳务费，并且为小张提供施工必要的材料、设备等施工保障，对小张的施工过程全程指示、管理、监督。小张在“工作”过程中，需要服从老尤的指示和管理。因此，老尤与小张之间，是雇佣与被雇佣的关系。小张是提供劳务者，老尤是小张所提供劳务的接受者。老尤应该对小张的伤亡承担赔偿责任。

提供劳务者受害责任纠纷，是指在劳务关系存在的前提下，提供劳务一方因劳务受到损害，就损害赔偿责任的承担所引发的争议，具体包含个人之间的劳务关系以及个人与非个人之间的劳务关系两种类型。“提供劳务者受害责任纠纷”是最高人民法院2011年新增设的一类案由，删去了2000年《民事案件案由规定（试行）》中的“雇员受害赔偿纠纷”。该案由不仅包含个人劳务关系中提供劳务者受害的情形，还包含个人与非个人劳务关系中提供劳务者受害的情形。在诉讼主体的审查上，权利主体即提供劳务的自然人，包括提供劳务者本人以及因劳务受害而死亡的劳务者近亲属；责任主体即接受劳务一方，除自然人外还应当包括接受劳务的法人、非法人组织。司法实践中，由于劳务关系多具有临时用工性质，双方未订立书面合同、未明确约定权利义务的情况较为普遍，加之不同类型的劳务关系间存在相似性，准确把握认定提供劳务者与接受劳务方之间的劳务关系类型存在难度。

一、区分承揽与劳务关系

提供劳务者受害责任纠纷的法律关系以劳务关系为基础。民法理论认为，劳务关系是指提供劳务一方为接受劳务一方提供劳务服务，由接受劳务一方按照约定支付报酬而建立的一种民事权利义务关系。劳务关系的建立可以采取书面形式，也可以采取口头或其他形式。接受劳务一方对提供劳务一方造成他人损害，承担赔偿责任的，须以提供劳务一方的劳务行为为前提；如果提供劳务一方的行为纯为个人行为，与劳务无关，那么接受劳务一方无须承担责任。承揽合同一般是指承揽人按照定作人的要求完成工作，交付工作成果，定作人给付报酬的合同。承揽所涉工作具有广泛性，实践中包括加工、定作、修理、建筑、安装、检验、测试等。由于有的雇工在实际工作中也具有相对的工作独立性和自主性，有的定作人也会对承揽人的工作作出具体的指示并现场指挥，而且二者都需给付劳动报酬，所以劳务关系与承揽关系很容易混淆。

对劳务关系和承揽关系进行区分，可以根据五个要素分析判断：（1）当事人之间是否存在控制、支配和从属关系。民法学家王泽鉴先生认为：设置定作人责任的规范意旨有两点：其一，承揽人既然不同于雇员，具有自主性与独立性，基本上有预防风险以及分散损害的能力，所以不必为了保护受害人而令定作人像雇主一样承担代负赔偿责任；其二，既然承揽人具有自主独立性，不受定作人的监督或指示，就不应推定定作人就其定作或者指示具有过失。因此可以看出，承揽人可以独立完成承揽工作，不受定作人的指示，其受到的控制力小于提供劳务受害者。劳务关系中，提供劳务者对于接受劳务一方具有人身依赖性，主要是由于其按照接受劳务一方的指示工作，自主决策度小；而承揽关系中的承揽人则是独立完成自己的工作量，具有一定程度的自主性。（2）是否由一方指定工作场所、提供劳动工具或设备。在劳务关系下，工作场所以及生产条件一般由雇主提供，雇员只负责提供劳务。而在承揽关系中，承揽人自行解决工作场所和设备问题，其只需要向定作人提交工作量即可。（3）是否限定工作时间。劳务关系中，接受劳务的一方一般会限定工作时间，如上下班时间等，且工作时间具有连续性。承揽关系中，一般以完成工作量为主要内容，时间上不具有连续性。（4）是否定期给付劳动报酬。劳务关系中一般会约定每天、每小时等固定时间段领取劳务报酬，而承揽关系中一般在完成约定的工作量后领取报酬。（5）当事人一方提供的劳务是否构成合同相对的义务或者经营活动的组成部分。在劳务关系中，劳务是法律关系的标的，即使当事人一方自行携带工具来工作，也应该认定为构成劳务关系。反之，如果合同的主要内容为一定的工作成果，此时应该认定为承揽关系。

二、个人劳务关系主体的审查要点

随着我国经济社会的发展，当前个人之间提供劳务主要有以下几种形式：（1）家庭雇工形式。随着社会分工的日益细致，家庭工作社会化，大量的家庭工作被交给家庭成员以外的人完成，如保姆、家庭教师等。（2）农民雇工形式。当农民选择了其他职业时，为了完成耕作往往会雇请他人代为耕作。（3）承包人用工形式。承包人为个人时，承包人承包工作事项后的再雇工，不属于单位雇佣关系，不能适用《劳动法》调整。综上，个人之间形成劳务关系的，接受劳务方通常以处理自身或家庭事务为主要目的，缔约形式不尽完备。

司法实践中，首先应当初步审查被告是否系劳务关系的相对方即接受劳务方，对此应由提供劳务者承担举证责任：一是对于存在书面合同的，依据劳务合同的缔约主体，结合实际履约情况审查主体是否适格。二是对于双方未签订书面劳务合同的，应当审查是否有其他证据可证实劳务关系的相对方，如电话录音、短信、微信聊天记录、报酬支付凭证、报警记录、询问笔录等。三是对于无其他证据可证明存在劳务关系的，应当以一般侵权责任纠纷案件的审理思路进行审查。

三、区分生产关系和生活关系

个人之间形成的劳务关系因生产和生活需要在适用法律上应有所区分。个人之间因雇佣保姆、家政服务、家庭装修等生活性劳务关系发生的人身损害赔偿纠纷，适用过错责任原则；个人之间因生产经营及营利性商业活动所形成的雇佣关系，因雇主与雇员之间存在隶属关系，雇主对雇员负有指挥、监督、管理职责，应为雇员提供更为充分的劳动保护，因此雇主应承担无过错赔偿责任。对于个人之间的生产性劳务关系，如果根据双方各自的过错分担责任，那么接受劳务的一方就可以以提供劳务一方有过错为由，减轻甚至免除自身责任，这会使得更多的个体工商户为了逃避过重的责任而选择不去登记，对提供劳务者的权利并无保障。另外，正是由于个人之间的劳务关系发生提供劳务者伤害事故后无法适用工伤保险，才更应该重视实质上属于用人单位和个人之间劳务关系的损害赔偿。

个人因生活需要雇佣他人可分为两种情况，一种是个人之间成立劳务关系，如个人之间成立的服务合同，提供劳务一方在工作过程中遭受人身损害，接受劳务一方承担过错责任。另一种是个人通过第三方雇佣工作人员，如个人通过家政公司雇佣保姆的情形，此时工作人员与第三方为劳动关系，个人与工作人员不构成劳务关系，但个人对工作人员可能形成第三人侵权关系。此时适用《最高人民法院关于审理人身损害赔偿案件适用法律若干问题的解释》第三条第二款，因用人单位以外的第三人侵权造成劳动者人身损害，赔偿权利人请求第三人承担民事赔偿责任的，人民法院应予支持。

法条链接

《中华人民共和国民法典》

第一千一百九十二条第一款 个人之间形成劳务关系，提供劳务一方因劳务造成他人损害的，由接受劳务一方承担侵权责任。接受劳务一方承担侵权责任后，可以向有故意或者重大过失的提供劳务一方追偿。提供劳务一方因劳务受到损害的，根据双方各自的过错承担相应的责任。

法官普法

需要注意的是，在存在多轮承包、发包转手关系的案件中，依据当事人申请或依职权追加相关当事人一并审理为妥，以便查清各方当事人之间的法律关系，避免遗漏必要共同被告。在农村建房法律关系中，提供劳务者既可能直接受雇于房主，也可能受雇于承揽（承包）房主建房工程的雇主。如何识别雇主，关键在于看提供劳务者直接受谁的指示、管理、监督，从谁那里领取劳务报酬。提供劳务者在“工作”过程中受到意外伤害时，谁雇佣谁负责。作为“中间商”的雇主，干的是“操心活”，只有安全施工，控制风险，保证质量，准时交付，才能平平安安赚钱。

案例五

谁付出，谁收获

——与农村建房施工合同有关的劳务合同纠纷

曹倩①

农村建房引发的各类纠纷不仅包括工程款纠纷、工程质量纠纷、提供劳务者受害责任纠纷等，还包括劳务合同纠纷。承揽农村建房工程的绝大部分都是个人，也就是我们通常所说的“包工头”。其承揽工程的方式通常都是包工包料，提供劳务的工人全由包工头自己雇佣。包工头往往辗转于各地承揽农村建房工程，流动性大、法律观念淡薄且缺乏相应资质。现有的法律规定及政策性规定也难以对其进行严格约束，从而导致其在雇佣工人时经常不签订书面合同，在工程完工后常因工资标准、结算方式等与工人发生争议，进而引发诉讼。

基本案情

2019年5月，王某经人介绍，来到张某承揽的某村孙某、朱某家民房工地做小工。当时张某口头承诺每天即每个工支付王某工资160元，结算方式为月结。两家工地上，张某都指派范某负责记工。根据王某提供的记工单，其在这两家工地共做工60余个，目前还剩15.2个工未结算工资。工程完工后，王某多次联系张某讨要工资，张某都百般推托，最后甚至失去联系。无奈之下，王某将张某诉至法院，要求其支付欠付的工资2432元，并要求房主孙某、朱某对上述工资承担连带责任。

法院受理该案后，通过邮件、电话等方式均未与张某取得联系，后前往其居住地，也未找到其本人。因此，法院采用公告的方式向张某送达了相关

① 北京市延庆区人民法院民事审判一庭（环境资源审判庭）法官。

诉讼材料。孙某、朱某出庭时均提供证据，证实其已经向张某支付了建房的工程款。最终法院认为，王某在张某承包的多个工地上为其提供劳务，有记工单为证，王某与张某之间形成了事实上的劳务合同关系。王某已经履行了自己提供劳务的义务，张某也应按照法律规定向王某支付工资。房主孙某、朱某已经向张某支付了工程款，因此无义务对张某欠付王某的劳务费承担连带责任。综上，法院判令张某于判决生效后七日内向王某支付工资2432元。

法理分析

农民工之所以容易与包工头因劳务问题发生纠纷，究其原因，在于其与包工头建立劳务合同关系之初，双方法律知识的欠缺，使劳务合同存在诸多隐患，从而导致诉诸法律后劳务关系等事实难以认定。

第一，劳务关系难以认定。现实生活中，包工头与提供劳务者签订书面劳务合同的少之又少，提供劳务者经人介绍为某个包工头干活，在施工期间，可能都没有见过包工头本人。双方因劳务费给付问题发生争议后，提供劳务者很难提供证据证实其与该包工头之间存在劳务合同关系。在司法实践中，也存在提供劳务者将介绍人诉至法院的案例，介绍人仅为提供劳务者与包工头之间建立劳务关系“牵线搭桥”，其对具体的施工情况和提供劳务过程往往并不知情，因此，也很难为提供劳务者一方提供有利的证词。提供劳务者如无法提供初步的证据证实其与包工头之间存在劳务关系，就会承担败诉的风险。

第二，劳务费标准、工时难以认定。司法实践中遇到的大部分案例，提供劳务者在与包工头就劳务费计算标准达成合意时，往往采用的都是口头约定的形式。一旦务工结束，双方因劳务费计算标准问题发生争议时，提供劳务者很难提供证据证实双方之间约定的劳务费标准的真实性。现实生活中，有的包工头为了能尽快雇佣到工人或加快施工进度，会口头承诺按高于市场价格的标准为提供劳务者计算劳务费，但因劳务者没有保存证据的意识，施工结束后，若包工头对先前约定的高标准劳务费矢口否认，提供劳务者也尢可奈何。有的提供劳务者对记工单保存不当，或没有要求包工头对记工单及时进行签字确认，导致在双方因劳务费给付问题发生争议时，法院难以认定其提供劳务的具体工时。

第三，对劳务费是否足额给付难以认定。包工头在为提供劳务者结算工资时，给付的时间及方式都较为随意。有的可能按周或按月结算，有的可能有钱就结算，没钱就一直拖欠，给付工资的方式也多为现金、微信转账等。有的案件中，因给付工资的时间、方式都较为随意，在双方对欠付的劳务费发生争议诉至法院时，都很难就已经支付的劳务费部分提供证据证实。在双方都无法提供充分证据的情况下，法院只能按照法律规定对举证责任进行分配，无论是提供劳务者还是包工头，最终都可能承担举证不利的法律后果。

基于以上劳务纠纷案件审理中的多发问题及审理难点，建议农民工朋友在提供劳务时，应注意以下几点，从而尽可能避免自己辛辛苦苦提供劳务后，却无法及时拿到工钱，甚至遭遇包工头“跑路”，起诉困难的问题。

一是提供劳务者在与包工头建立劳务关系时，首先要对其身份信息、承揽工程的相关信息进行核实。提供劳务者要明确知晓自己提供劳务的工程是否为该包工头本人承揽，自己是否受该包工头本人雇佣。并且应当知晓该包工头的姓名、年龄、家庭住址或户籍所在地、电话、身份证号码等必要身份信息，从而避免一旦双方因劳务费问题发生争议，其无法向法院提供包工头的明确身份信息，无法提供初步的证据证实自己与该包工头之间存在明确的劳务合同关系。《民事诉讼法》明确规定，起诉的条件之一是要有明确的被告。有的案件中，包工头不支付工资“跑路”后，提供劳务者不掌握其任何信息，甚至不知道他是哪里人，住在哪里。在没有包工头明确身份信息，无法确定被告主体身份的情况下，向法院提起诉讼通常无法被受理，这时，即便提供劳务者想通过法律途径解决问题也无济于事。

二是提供劳务者在提供劳务时，应与包工头明确约定给付劳务费的标准，并保存好相关证据。提供劳务者与包工头建立劳务合同关系，达成合意时，一般情况下，会首先约定给付劳务费的标准。提供劳务者在与包工头就劳务费标准达成一致意见时，应当注意留存好相关证据。双方签订书面劳务合同的，应在合同中对劳务费计算标准予以明确；未签订书面劳务合同而采用口头形式约定的，提供劳务者应注意保存好双方协商时的微信聊天记录、通话录音等，以便后续因劳务费问题产生争议时，提供劳务者能提供足够的证据证实其与包工头之间约定的工资标准与自己的主张、诉求一致。司法实践中，如果提供劳务者没有证据留存意识，双方就劳务费计算标准发生争议后，法院往往只能依据市场价格对劳务费给付标准作出判定。

三是提供劳务者在提供劳务的过程中，应及时与包工头就工时进行确认。提供劳务者在施工过程中，如有必要，应对自己的工时进行记工，并及时与包工头或其指派的现场记工人员进行确认，并留存好相应的记工单据，从而避免因劳务费问题发生争议时，双方就提供劳务的内容、具体工时等发生争议。因具体工时的举证责任在提供劳务者一方，因此，提供劳务者如没有确凿的证据对自己的工时加以证实，法院将无法采纳其诉讼主张。提供劳务过程中，有的包工头可能会先行给付一部分劳务费，不论是现金方式还是转账方式，提供劳务者都要有证据留存意识；对于欠付的劳务费，提供劳务者可在施工结束时，与包工头进行结算，并要求其出具欠条等足以证实其欠付劳务费的证据。

总而言之，提供劳务者在提供劳务时，为避免自己的合法权益遭受侵害，应就劳务合同中的主要内容，如工资标准、工时、付款时间等与包工头及时达成一致意见，并保存好相关证据，才能在发生争议后，第一时间挽回损失。

包工头在雇佣工人从事农村建房施工工程时，也应注意防范以下两类风险：一是有的包工头会不定期向提供劳务者以现金的方式结算工资，当其与提供劳务者因为未结算工资产生争议时，如提供劳务者不承认已经结算过部分工资，则包工头需要对其用现金结算的该部分工资负担举证责任。很多包工头雇佣工人较多，结算工资时也没有留存证据的意识，这时候往往会因举证不能承担败诉风险。二是部分提供劳务者因责任心较差、工作能力较弱等原因，在为农村建房工程提供劳务时，可能会发生工作上的失误，造成工程返工，从而给包工头增加成本。当其与包工头因为劳务费问题发生争议时，包工头就其造成的损失往往难以向法庭提交有利证据。因此，包工头在雇佣农民工从事劳务的过程中，也应当具有风险意识，一方面应对提供劳务者的工作经验、资质等进行严格审查；另一方面也应当尽到足够的监督、管理义务，在对方工作出现失误时及时留存证据，从而避免自身产生不必要的损失。

还需要提醒包工头注意的是，法网恢恢、疏而不漏。有些包工头在雇佣农民工完成农村建房工程后，为了自身利益，妄图通过“消失”逃避支付劳务费的义务，逃避自身应当承担的法律责任，这其实是极不明智的举动。法律明确规定，只要提供劳务者有证据证实其为包工头提供了劳务，包工头就应如数向其支付欠付的劳务费。一旦法院作出生效判决，进入执行阶段，执行法官将通过网络财产查控平台对欠债包工头的所有财产信息进行查控，不仅包括其银行账户，还包括其房产、车辆等财产，甚至还包括被执行人的微信账号、支付宝账号。一旦进入执行阶段，包工头拒绝履行法院生效判决，法院就可以根据法律规定对其名下的财产采取执行措施；对于有财产而拒不履行生效判决的被执行人，法院还会将其纳入失信被执行人名单，限制其购买高铁票、不动产、车辆、保险理财产品等，让其“寸步难行”；有的包工头妄图通过转移财产等方式逃避法院的执行程序，殊不知这样会导致更严重的法律后果，对于拒不执行的被执行人，法院可依职权、依法律规定对其采取司法拘留强制措施，情节严重的，还可能构成拒不履行法院判决、裁定罪，受到刑事处罚，被判处有期徒刑。因为劳务费问题最终导致自己锒铛入狱，实在是得不偿失。

另外，农村建房问题引发的劳务合同纠纷，其诉讼主体不仅包括提供劳务的农民工、包工头，还可能包括房主。因此，房主在与包工头签订关于农村建房工程的承揽合同后，也应按照合同约定和法律规定按时、足额支付相关工程款。否则，一旦提供劳务者因劳务费问题与包工头发生争议，诉至法院，法官将根据法律规定及相关事实，判决房主对提供劳务者的劳务费，在其欠付工程款范围内承担连带责任。

综上，参与农村建房工程的各类主体，不论是房主，还是包工头，抑或是提供劳务的农民工，都应该在法律规定及合同约定的范围内依法、依约行事。

法条链接

《中华人民共和国民法典》

第四百六十五条第一款 依法成立的合同，受法律保护。

第四百六十九条第一款 当事人订立合同，可以采用书面形式、口头形式或者其他形式。

第五百零九条第一款 当事人应当按照约定全面履行自己的义务。

法官普法

农村建房引发的劳务合同纠纷涉及多方利益，在农村建房引发的各类纠纷中，属于矛盾突出、频繁发生的一类。其根源在于农村建房管理秩序的混乱及农民、农民工、包工头法律观念的淡薄。因此，各方主体应不断增加自身法律知识及增强防范风险意识，既要合理、合法地行使自己的权利，履行自己的义务，又要善于在纠纷发生后按照法律规定，恰当维护自身合法权益。

案例六

合同因施工方违约解除，房主可以获得哪些赔偿？

——农村建房施工合同纠纷的违约责任

严玉婷[①]

作为典型的双务合同，在农村建房施工合同履行过程中，房主和施工方常常会在工程款给付、工程建设进度等问题上发生纠纷。在合同约定不明的情况下，经常会出现房主以房屋质量不合格为由拒绝给付工程款，施工方被迫停工，双方各不退让导致中途合同解除的情形。如果施工方违约，在没有书面合同约定或者约定不明的情况下，如何判断房主可以就哪些损失主张违约赔偿呢？

基本案情

2021年8月，李某经王某介绍，承包了崔某家拆猪圈、建东西厢房的工程。双方没有签订书面的合同，施工前口头约定以点工方式计算工程款。2021年8月31日至10月20日期间，李某共施工19天。施工过程中双方因为厢房高度、上下水、墙垛质量等问题发生争议，崔某叫停了施工，双方协商未果后解除了施工合同。李某随后撤出工地，崔某另寻他人完成剩余工程。后崔某起诉至法院，要求李某给付因盖房质量问题给其造成的损失22710元，其中包括拆墙损失的材料款、雇人拆墙的劳务费、拆墙使用的电镐租金以及电费、上下水改造劳务费、改造材料款、拆除墙垛损失的材料款、重新垒建劳务费和材料费、房子延期三年完工的违约金、精神损失费等。诉讼过程中，李某提出反诉，要求崔某支付劳务费

① 北京市延庆区人民法院民事审判一庭（环境资源审判庭）法官助理。

29840元。

对于厢房高度问题，双方认可西厢房磉盘比正房低20厘米，东厢房磉盘比正房低15厘米。李某称双方约定厢房自磉盘向上3.3米，打完顶后高度和窗户上口平。崔某称双方未明确约定厢房高度，自己不懂，因此对李某说别人家怎么干自己家就怎么干。

对于厢房顶打模问题，李某称给崔某支了四间模，因厢房高度问题双方发生争议，没商量好，之后自己就把模都拆走了。

经法院现场勘查，正房为坡脊房，2012年所建，高度为自磉盘向上2.95米。现厢房高度到正房瓦檐下，约与正房窗户上口平。

法院经审理后认为：当事人对自己提出的诉讼请求所依据的事实或者反驳对方诉讼请求所依据的事实，应当提供证据加以证明，但法律另有规定的除外。根据查明的事实，2021年8月，李某以点工形式承包崔某家拆猪圈、建东西厢房的工程，双方形成农村建房施工合同关系。该合同系双方当事人的真实意思表示，内容不违反法律、行政法规的强制性规定，应属合法有效，双方当事人均应依约全面履行己方义务。当事人协商一致，可以解除合同。2021年10月20日后双方发生争议，李某退出工地，崔某另找人员继续施工，属于双方合意解除合同，据此认定解除合同时间为2021年10月21日。

合同解除后，尚未履行的，终止履行；已经履行的，根据履行情况和合同性质，当事人可以要求恢复原状、采取其他补救措施，并有权要求赔偿损失。

关于厢房建设高度，法院根据双方当事人庭审陈述、现场勘验情况，认定双方对于厢房高度约定不明。李某作为施工人，未能与房主确认关于房屋高度这一建房重要事项，履行合同存在过错；崔某作为房主，未能及时发现施工中存在的问题，导致两边厢房的砖墙均已垒建完成，扩大了损失，亦存在过错。故此，因砖墙垒高所造成的损失，双方各负担50%。其中因拆墙产生的劳务费，法院采信证人的证言，其拆除部分劳务费为1200元，该费用包括两个墙垛拆除的劳务费，电镐租金和电费共计220元，并由此确定崔某自家拆除的费用同为1200元；因拆墙造成的料款损失，法院采信证人的证言，确认共计5544块砖。砖块及石灰等材料费折合每块0.7元计算，共计损失3880元。崔某主张李某利用崔某的视力残疾进行欺诈，该主张依据不足，法院不予采纳。关于砖墙垒高所造成的损失，法院根据证人证言确定的因拆墙产生的劳务费和因拆墙造成的料款损失，合法有据。崔某主张法院未计算崔某妻子路某拆砖的劳务费损失，认定5544块砖和砖块及石灰等材料费折合每块0.7元是错误的，但并未提交充分有效证据予以证明，该主张缺乏依据，法院不予采纳。

关于工程质量问题，证人杨某、张某的证言可以证明两个墙垛的垒建以及上下水铺设存在问题，法院认定相应损失由李某负担。崔某主张李某所垒墙垛倾斜度较小，无法达到正常使用的目的，崔某另找他人进行了翻工，法院应认定墙垛翻工费用300元，但并未提交证据予以证明，法院对此不予支持。

因双方未明确约定违约金，且法院已对崔某的合理损失予以支持，故对崔某单独主张的违约金，法院不予支持。

崔某主张的精神损失费缺乏依据，法院不予支持。

综上，法院判决确认崔某与李某之间的农村建房施工合同于2021年10月21日解除；崔某于判决生效后十日内给付李某工程款24840元；李某于判决生效后十日内赔偿崔某各项损失5313元；驳回李某、崔某的其他诉讼请求。

法理分析

在现代社会，大家几乎都有了这样一个共识：双方自愿签订、依法成立的合同对双方都有约束力，合同一旦成立，不得随意更改或者“毁约”。这个共识是双方诚实守约的保证，也是维持社会交易稳定、促进社会互信的价值表现。但是，在农村建房施工合同履行过程中，房主对施工队不满意，往往都会采取不支付剩余工程款的方式作为协商筹码。施工队没拿到钱就会停工，双方僵持不下，合同履行就陷入了僵局。此时，在双方就合同继续履行无法协商一致，继续要求双方履行不太可行的情况下，是可以达成一致解除合同，“大道朝天、各走一边”的。

在本案中，崔某和李某协商一致解除了合同。合同是解除了，遗留问题还得解决。于是，房主崔某就房屋质量问题对施工方李某提出了一系列赔偿请求，那么，哪些请求可以得到法院支持呢？这就涉及农村建房施工合同解除后，守约方对违约方的违约损失赔偿范围和数额的认定问题。

一、违约损失赔偿的构成

（一）全部损失赔偿原则

《民法典》确立了违约损失赔偿的全部损失赔偿原则，即违约方需要填补其违约行为给守约方造成的所有损失，也就是俗称的“填平原则”。如果将违约方因违约行为给守约方造成的损失看作挖了一个坑，那么违约损失赔偿就要求违约方把这个坑填平，不能低于地平线，也不能高于地平线。

这句话其实暗含了正反两层意思。不能低于地平线的意思是，守约方因违约行为所导致的全部损失都可向违约方主张（包括可得利益在内），即守约方的损失能够得到填平。不能高于地平线的意思是，守约方不能通过违约损失赔偿获利，其所主张的损失赔偿额不能超过违约行为对其造成的全部损失。换言之，全部损失赔偿原则意味着，守约方“可以”且“只能”在违约造成的全部损失范围内要求违约方承担赔偿责任。

（二）可得利益

谈到违约损失赔偿的构成，必须提到“可得利益”这个概念（见图2）。

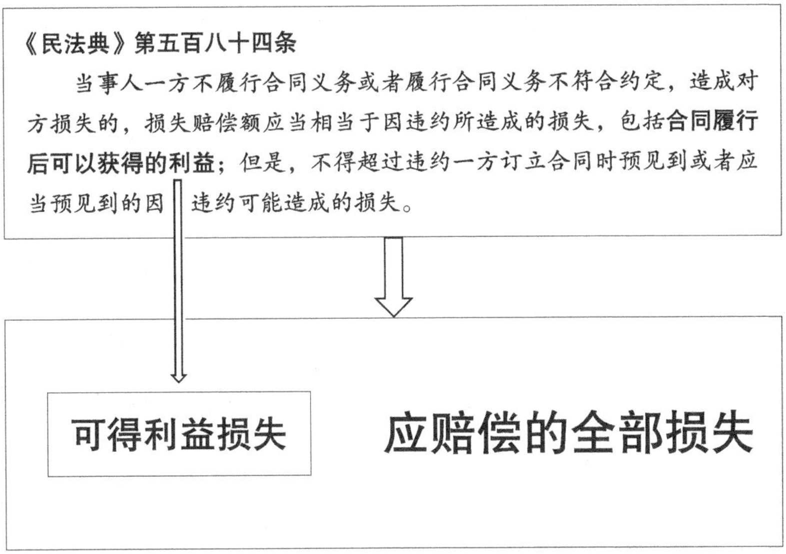

图2 违约损失和可得利益损失关系图

《民法典》第五百八十四条关于违约损失赔偿数额的规定中“合同履行后可以获得的利益”即为可得利益。可得利益是指在合同履行前并不为当事人所拥有，而为当事人所期望在合同适当履行以后可以实现和取得的利益。可得利益不同于履行利益，仅限于未来可以得到的利益，不包括履行本身所获得的利益。《民法典》对于可得利益的违约赔偿是予以肯定的，即合同解除后，守约方可以向违约方主张可得利益的损失。

了解全部损失赔偿原则和可得利益后，就知道了违约损失赔偿范围的边界。但是，具体到农村建房施工合同纠纷中，可以通过哪些标准来判断守约方的某些损失属于应赔偿的全部损失甚至是可得利益损失呢？又该如何计算具体的损失赔偿数额呢？

二、违约损失认定规则

根据《民法典》的相关规定，法院在计算和认定违约损失时，应当综合运用可预见性规则、扩大损失减损规则、损益相抵规则以及过失相抵规则等，从非违约方主张的可得利益赔偿总额中扣除违约方不可预见的损失、非违约方不当扩大的损失、非违约方因违约获得的利益、非违约方亦有过失所造成的损失以及必要的交易成本（见表1）。

表1 《民法典》损失赔偿规则对照表

损失赔偿认定规则	法条依据
可预见性规则	《民法典》第五百八十四条
扩大损失减损规则	《民法典》第五百九十一条
损益相抵规则	《最高人民法院关于当前形势下审理民商事合同纠纷案件若干问题的指导意见》
过失相抵规则	《民法典》第五百九十二条
违约金约定调整规则	《民法典》第五百八十五条

（一）可预见性规则

《民法典》第五百八十四条规定后半部分提到，损失不得超过违约一方订立合同时预见到或者应当预见到的因违约可能造成的损失。这一条文包含了可预见性规则的三个要点：一是要站在违约一方的视角，将平常的、理性的人代入违约方视角，所能预见到的损失。二是注意“合同订立时”这个节点，判断违约方是否可预见损失的时间节点是当事人订立合同时，而非违约方实际违约时。三是预见内容为“预见到损失的类型，而非具体损失金额”。例如，在本案中，如果施工方在施工中途突然遭遇极端天气，导致工期延误，又或者合同订立后突发疫情，施工方因防疫管控措施无法进场施工导致工期延误，就不能要求施工方为此承担责任，因为这一状况超出了其在订立合同时的预见能力。

（二）扩大损失减损规则

《民法典》第五百九十一条第一款规定：“当事人一方违约后，对方应当采取适当措施防止损失的扩大；没有采取适当措施致使损失扩大的，不得就扩大的损失请求赔偿。”要注意适当措施的认定，应该从守约方的行为本身出发，也就是说，在农村建房施工合同纠纷中，即使施工方违约了，房主也应当根据自己的经验、技能、财务状况等尽可能地防止损失扩大，不能置之不理，认为都是施工方的责任。否则，因此扩大的损失如果被证明和其不作为有关，就可能得不到法院支持。反之，如果守约方采取了适当的措施，即使未能达到减少损失的效果，其仍可请求对扩大部分损失的赔偿。

（三）损益相抵规则

一方因对方违约而获有利益，违约方主张从损失赔偿额中扣除该部分利益的，人民法院应予支持。这一条原本适用于买卖合同纠纷，2009年通过的《最高人民法院关于当前形势下审理民商事合同纠纷案件若干问题的指导意见》明确，其他民商事合同纠纷也可以适用该条规则。

在农村建房施工过程中解除合同的话，对剩余材料的处理一般有两种情形：一是施工方将剩余材料搬离；二是房主自己留下建筑材料为以后继续施工使用。为建房购置的建筑材料由于中途停建而搁置，应本着物尽其用、兼顾双方利益的原则作出处理。在本案中，李某中途撤出，把支好的模都拆走了。如果这些都包括在崔某已经支付的工程款内，李某就应当赔偿这部分材料损失。

（四）过失相抵规则

《民法典》第五百九十二条第二款规定：“当事人一方违约造成对方损失，对方对损失的发生有过错的，可以减少相应的损失赔偿额。”具体到本案中，双方的主要争议焦点就是房屋高度，李某作为施工人，未能与房主确认房屋高度这一建房重要事项，履行合同存在过错；崔某作为房主，未能及时发现施工中存在的问题，导致两边厢房的砖墙均已垒建完成，扩大了损失，亦存在过错。因此法院认定对于这项损失，双方各负担50%。

法条链接

《中华人民共和国民法典》

第五百六十二条 当事人协商一致，可以解除合同。

当事人可以约定一方解除合同的事由。解除合同的事由发生时，解除权人可以解除合同。

第五百六十六条第一款、第二款 合同解除后，尚未履行的，终止履行；已经履行的，根据履行情况和合同性质，当事人可以请求恢复原状或者采取其他补救措施，并有权请求赔偿损失。

合同因违约解除的，解除权人可以请求违约方承担违约责任，但是当事人另有约定的除外。

第五百八十四条 当事人一方不履行合同义务或者履行合同义务不符合约定，造成对方损失的，损失赔偿额应当相当于因违约所造成的损失，包括合同履行后可以获得的利益；但是，不得超过违约一方订立合同时预见到或者应当预见到的因违约可能造成的损失。

法官普法

在农村建房施工合同履行过程中，如果双方产生争议，就合同继续履行无法达成一致并且继续履行合同只会增加彼此负担或者实际上已经不可能时，双方应当及时协商一致解除合同。合同解除后，未履行部分终止履行，已经履行部分，守约方可向违约方主张恢复原状或采取其他补救措施，并可主张合理范围内的全部损失。应当注意的是，在原本的施工方撤出之后，房主另找其他施工方继续施工之前，应当及时保存能反映现场状况的证据，尤其是有争议的地方，以免将来起诉时现场被破坏无法举证。

当然，农村建房施工合同解除后，房主要求损失赔偿的同时不影响施工方就已经完成的合格工程主张相应的工程价款。

本章小结

近年来，随着国家乡村振兴重大战略的实施，美丽乡村建设进程不断加快，农民生活环境不断改善，而农民改善生活住房的需求也不断增加，随之而来的农村建房施工合同纠纷也呈上升趋势，结合本章的介绍，现就农村建房施工合同应该注意的相关法律问题总结如下：

一、在农村建房前，建房人（房主）要进行充分的调研，要结合当地建筑市场行情，对人工费及材料费有大概的了解和预算，合理定价，适当选人，避免盲目压价和盲目承揽。农村建房，尤其是二层以下的房屋，由于不适用《建筑法》的相关规定，对施工资质没有强制性要求，因此部分房主可能会找私人施工队、包工队承建房屋，而当前施工队技术能力参差不齐，有的缺乏相关技术人员，有的存在材料质量缺陷，施工不符合基本行业规范，工期迟延的情况时有发生，因此在发包工程前需要对施工队的人员情况及所建工程有一定程度的了解，避免因选人不当或过低压价造成房屋质量问题和工期的延误。

二、为避免纠纷产生以及纠纷产生后更好地解决分歧，农村建房双方一定要签订书面的施工合同。无论是劳务清包还是工程大包，均需签订较详细的施工合同和结构设计图纸，明确工程完成的程度以及使用材料的标准和价格。需要注意的是，施工合同及图纸越详细越好，如果在施工过程中，变更了原来的施工方式、增减了工程量，也务必以书面形式达成约定。总之，在农村建房中，千万不要图方便、嫌麻烦对于有些事项就口头一说，这样真正进入诉讼阶段，解决矛盾时就说不清了。

三、作为发包方需要与施工方协商确定工程进度及工程价款的给付比例，工程款给付要在合理区间内，给付过低，作为施工方的私人施工队需要大量垫资，可能会因无法提供合格的建筑材料（材料质量）或劳务技术人员（劳务人员工资）而停工，给付过高，可能会出现不诚信的施工队拿到工程款后即“跑路”，不再履行合同的情况。

四、施工期间如有变更，尤其是增减工程量涉及价款变动的情形，应当及时协商并作出书面确认，以备结算，尤其是包工包料施工的，如果发包方提供建材，应当及时协商，明确价格，以便于最终结算。对于工程有增量的或临时合同外加量的，应当协商顺延工期。

五、如果有条件，应当聘请双方认可的技术人员作为监理监督施工，对施工的每一阶段进行验收后方可进行下一步施工，避免一些隐蔽工程或施工基本完成后再产生纠纷。此外，对于建设工程中的隐蔽工程，一定要做好证据留存工作，以拍照录像形式固定证据，有条件的，最好双方都在场进行证据固定工作，这样有利于避免真正发生纠纷时，一方否认某些事项。

六、农村建房施工合同纠纷，一般是施工方索要工程款，发包方则以工程质量存在问题（瑕疵或安全性）为由，拒付剩余工程款或主张退还工程款、赔偿返工修复费，甚至要求重置或赔偿重置损失，由于此类纠纷大多涉及建筑工程方面的专业鉴定和评估，而鉴定、评估费用过高，因此如果为一般性瑕疵，并不影响安全使用，建议双方协商处理，采用适当减少工程款或扣除相应修复费用的办法处理，如影响安全使用再行提起鉴定及修复评估，否则会极大地增加各方解决纠纷的经济成本。

七、农村建房施工合同中往往还涉及劳务费、提供劳务者受害责任纠纷等，由于债具有相对性，为了避免就责任主体出现争议，最好在农村建房施工合同中，明确约定好劳务费以及接受劳务一方的责任人，务必让实际施工的工人明确谁对他们的劳务费和施工过程中的安全负责。此外，如果发包方不对实际施工的工人负责，那在给付工程款时一定要直接付给承包人，最好不要将工程款作为劳务费直接付给实际施工人。此外，不论是发包人、承包人还是实际施工人，一定要注意施工环境和施工安全，减少施工过程中的安全事故。最后，施工时，要符合乡镇政府及所在村村委会关于施工的各项要求，要注意对公共环境的维护并处理好相邻关系，避免相关纠纷发生。

第三章

农村赡养纠纷

引　言

古语有云："夫孝，天之经也，地之义也，民之行也。""孝"是中华民族自古以来的优良传统，承载着中华传统文化的源与流。孝敬老人同样被写入了法律，成为我国社会主义法治体系调整婚姻家庭关系的重要内容。在《民法典》《老年人权益保障法》等法律法规中，都清晰明了地规定了赡养义务。赡养，简而言之就是指成年子女或晚辈对年老的父母或长辈履行供养、照顾等义务。赡养父母是家庭共享天伦之乐的根基，亦是子女必须履行的法定义务，与我们每个人的生活息息相关。本章通过对赡养法律关系中常见的问题进行归纳总结，希望帮助大家更好地了解赡养方面的法律知识。

案例一

赡养父母是法定义务，不得附加任何条件

——赡养纠纷中的基本问题

施振伟[①]

尊重和赡养老人是中华民族的传统美德，成年子女对父母负有赡养、扶助和保护的法定义务。缺乏劳动能力或者生活困难的父母，有要求成年子女给付赡养费的权利。赡养义务不得附加任何条件，不因父母经济能力较好或子女经济困难、未分得家产、其他子女进行了赡养、父母再婚等予以免除。本文将通过一起子女以各种理由拒付赡养费而引发纠纷的典型案例，对赡养纠纷的基本问题进行总体介绍。

基本案情

孙某与李某（1950年出生）系夫妻关系，二人共生育四个子女，分别是长子孙甲、次子孙乙、三子孙丙、女儿孙丁（1978年出生）。2009年12月，孙丙因交通事故去世。2010年2月，李某、孙某及三个子女签订了分家协议，就家庭财产及赡养问题作了如下约定：（1）家产由长子孙甲、次子孙乙各得一半，女儿孙丁放弃权利；（2）长子孙甲赡养母亲李某，次子孙乙赡养父亲孙某。之后，各方一直按照协议履行义务。2017年1月，孙某因病去世。2021年5月，李某改嫁，与同样丧偶的张某结婚，但遭到双方子女的强烈反对，因此李某搬离了长子孙甲家，与张某在外租房居住。李某因患病，需经常吃药，每月仅医疗费就近1000元，两人租房每月花费2000元。而孙甲、孙乙、孙丁以李某再婚且每月有780元的老年补贴和1000元的土地流转费为由，拒不履行赡养义务。2021年9月，李某以自己年事已高，无生活来

---

① 北京市延庆区人民法院民事审判一庭（环境资源审判庭）法官。

源，身患疾病需经常吃药，并且在外租房花销大，子女未对其尽到赡养义务为由，将孙甲、孙乙、孙丁诉至法院，要求每人每月支付赡养费1500元，并平均承担其今后的医疗费。

审理中，孙甲辩称，自己一直以来赡养母亲，并承担了过高的赡养费，自己每月工资5000多元，还有房贷要还，母亲要求的赡养费过高，且孙丙的子女均已成年，也应履行一定的赡养义务，故其只能承担每月五六百元的费用。孙乙辩称，分家时约定母亲由孙甲赡养，父亲由自己赡养，自己也已按约定赡养了父亲，且自己每月工资才4000多元，还有孩子需要抚养，无法接受再与孙甲承担同样的责任。女儿孙丁辩称，父母在分家时已写了协议，自己没有分到家产，协议里也没有载明自己有赡养的责任，母亲现在每月有一定的收入，所以自己不负担赡养义务。另外，自己系肢体四级残疾，也需要吃药，每月收入不到4000元，孩子还小，母亲再婚后也未帮自己照看孩子，自己没有能力负担母亲的赡养费，如果需要负担赡养费，就要求分给自己部分家产。

一审法院判决：孙甲自2021年10月起于每月10日前支付李某赡养费800元；孙乙自2021年10月起于每月10日前支付李某赡养费700元；孙丁自2021年10月起于每月10日前支付李某赡养费600元；李某自2021年10月起发生的医疗费凭报销后的医疗费票据由孙甲、孙乙、孙丁各负担三分之一；驳回李某的其他诉讼请求。

孙甲、孙丁不服一审判决，提出上诉。二审法院判决驳回上诉，维持原判。

法理分析

一、有权请求赡养费的主体

《民法典》第一千零六十七条第二款规定："成年子女不履行赡养义务的，缺乏劳动能力或者生活困难的父母，有要求成年子女给付赡养费的权利。”根据该条规定，父母只要符合“缺乏劳动能力”或“生活困难”中的任一条件，就有权要求成年子女给付赡养费。缺乏劳动能力是指父母因年老、疾病等原因不能以工作维持生计，或者虽可工作但不足以维持生计。生活困难是指父母以其现有财产不足以维持生活所需。根据民政部制定的《特困人员认定办法》，60周岁以上的老年人应当认定为无劳动能力。因此，只要父母年满60周岁，即可要求其成年子女给付赡养费。这有利于更好地落实成年子女的赡养义务，保护老年人的合法权益，弘扬中华民族敬老、养老、助老的传统美德，促进优良家风与和谐社会建设。

本案中，李某已年满70周岁，因患病经常吃药，且在外租房花销大，其虽有一定的收入，但不足以满足生活所需，属于既缺乏劳动能力又生活困难的父母，有权要求三个成年子女给付赡养费。

二、成年子女的赡养义务是法定的，不得以任何理由拒绝履行

一是不得因父母的婚姻关系发生变化，终止履行赡养义务。根据《民法典》第一千零六十九条的规定，成年子女不得以父母再婚为由不尽赡养义务，否则父母有权要求其给付赡养费。本案中，李某与张某再婚，遭到双方子女的强烈反对，三个子女已干涉了其母亲李某的再婚自由，且拒不履行赡养义务，违反了法律规定，应承担给付赡养费的义务。若三个子女以暴力手段干涉母亲的婚姻，还可能承担相应的刑事责任。

二是不得以放弃继承权或未分得家产为由，拒绝履行赡养义务。《老年人权益保障法》第十九条第一款规定：“赡养人不得以放弃继承权或者其他理由，拒绝履行赡养义务。”赡养义务亦不因其他子女对父母进行了赡养而予以免除。本案中，孙丁不能以自己放弃继承权或未分得家产为由，拒绝履行赡养义务，且孙乙与孙丁的赡养义务并不因孙甲对母亲李某进行了赡养而予以免除。

三是不得以已断绝父母子女关系或其他理由，主张免除赡养义务。实践中，部分成年子女会以已签订断绝父母子女关系协议、未被父母抚养长大、

身患残疾、收入低、父母未帮助其照看小孩等为由，拒绝履行赡养义务。但断绝父母子女关系协议属于人为排除成年子女对父母的法定赡养义务，有违公序良俗和法律的强制性规定，损害了老年人的合法权益，亦与社会主义核心价值观相背离，应属无效的民事法律行为。而以自己系被祖父母或外祖父母抚养长大，未被父母抚养长大，或以自己身患残疾、收入低，甚至以父母未帮助其照看小孩等为由，拒付赡养费，更是缺乏依据的。本案中，孙甲辩称，自己每月有房贷要还；孙乙辩称，自己每月工资才4000多元，还有孩子需要抚养；孙丁辩称，自己系肢体四级残疾，也需要吃药，每月收入不到4000元，孩子还小，母亲再婚后也未帮其照看孩子，自己没有能力负担母亲的赡养费。三个子女上述辩称意见中的事实，仅可作为法院确定每人应负担赡养费数额时的考量因素，不可作为免除三人应负赡养义务的理由。另外，根据《老年人权益保障法》第十九条第三款规定，赡养人不得要求老年人承担力不能及的劳动。李某年逾70周岁，照看外孙子女已力不能及，孙丁不得要求李某承担该项劳动，更不能以李某未帮助自己照看孩子为由，减少应承担的赡养费。

三、赡养协议的内容不得违反法律的规定和老年人的意愿

所谓赡养协议，是指一个老年人存在多个成年子女的，成年子女之间为平衡赡养父母和个人工作生活，对赡养父母的内容、方式及分工等进行具体明确约定所达成的协议，如约定成年子女轮流照看，或指定部分子女照看，其他子女支付赡养费等。这种约定在当前的赡养实践中很常见，不失为解决成年子女间推诿赡养义务的有效方法。那么在法律层面上对此是如何规定的呢？成年子女间订立的赡养协议如何才能合法有效呢？

合法有效的赡养协议应具备以下要件：首先，协议应具备有效民事法律行为的成立要件，如签订人具有相应的民事行为能力，意思表示真实，不违反法律、行政法规的强制性规定，不违背公序良俗等。因此，赡养义务不因约定而免除。其次，协议必须经过老年人同意，符合老年人意愿。赡养协议

的履行主体虽然都是子女，但签订的目的和义务履行的内容均与老年人的合法权益紧密相关，故协议的签订需要满足这一要件。本案中的分家协议实际包含了赡养问题的内容，该协议约定由孙甲赡养母亲李某，由孙乙赡养父亲孙某，免除了孙丁对父母的赡养义务，该部分约定应属无效，李某仍有权要求孙丁给付赡养费。

四、孙子女、外孙子女对祖父母、外祖父母履行赡养义务的条件

《民法典》第一千零七十四条第二款规定："有负担能力的孙子女、外孙子女，对于子女已经死亡或者子女无力赡养的祖父母、外祖父母，有赡养的义务。"因此，孙子女、外孙子女对祖父母、外祖父母履行赡养义务，应同时满足以下三个条件：

一是祖父母、外祖父母需要赡养。孙子女、外孙子女对祖父母、外祖父母的赡养是以其父母的赡养义务为基础的，祖父母、外祖父母只有在缺乏劳动能力或者生活困难时，才有权向孙子女、外孙子女提出赡养的要求。二是祖父母、外祖父母的子女已经死亡或子女无力赡养。三是孙子女、外孙子女有负担能力。有负担能力是指孙子女、外孙子女以自己的收入能够满足自己及父母、配偶和子女合理的生活、教育等需求外仍有剩余。[①]

本案中，即使李某起诉了已去世的孙丙的子女，要求孙子女履行赡养义务，且孙子女有负担能力，但因孙甲、孙乙、孙丁均有赡养能力，在此情况下，就不能判令孙丙的子女"代父尽孝"对李某履行赡养义务。当然，如果孙丙的子女自愿扶养祖母李某，则更有利于发扬尊老、敬老、爱老的美德，是应当鼓励和嘉许的。

---

① 参见最高人民法院民法典贯彻实施工作领导小组主编：《中华人民共和国民法典婚姻家庭编继承编理解与适用》，人民法院出版社2020年版，第229—230页。

五、赡养费的范围和数额认定

成年子女履行赡养义务，可以给付一定的赡养费，也可以将父母接至家中共同生活。赡养费的范围应包含生活费、医疗费等必要费用，具体数额应根据父母的实际生活需要及身体情况、子女经济能力及当地生活水平等多种因素综合予以确定。多个子女的，可以根据他们的不同经济条件，共同负担赡养费，但每个子女负担的数额可根据具体情况有所不同。

本案中，孙甲的赡养能力最强，且其子女均已成年；孙乙的赡养能力次之，且对父亲孙某履行了较多的赡养义务；孙丁身有残疾，收入最少，且需抚养未成年子女；李某尚有一定的收入，且张某的子女亦应对其履行赡养义务。法院在考虑以上事实及当地生活水平等多种因素的基础上，综合确定了孙甲、孙乙、孙丁所负担赡养费的数额。

法条链接

《中华人民共和国民法典》

第二十六条第二款 成年子女对父母负有赡养、扶助和保护的义务。

第一千零六十七条第二款 成年子女不履行赡养义务的，缺乏劳动能力或者生活困难的父母，有要求成年子女给付赡养费的权利。

第一千零六十九条 子女应当尊重父母的婚姻权利，不得干涉父母离婚、再婚以及婚后的生活。子女对父母的赡养义务，不因父母的婚姻关系变化而终止。

《中华人民共和国老年人权益保障法》

第十九条第一款 赡养人不得以放弃继承权或者其他理由，拒绝履行赡养义务。

第二十条第一款 经老年人同意，赡养人之间可以就履行赡养义务签订协议。赡养协议的内容不得违反法律的规定和老年人的意愿。

第二十一条第二款 赡养人的赡养义务不因老年人的婚姻关系变化而消除。

法官普法

一、成年子女赡养父母不得附加任何条件

成年子女对父母负有赡养、扶助和保护的义务。成年子女的赡养义务是无期限的，只要父母在世且需要赡养，成年子女就应履行这一义务。这种赡养义务又是法定的，《宪法》《民法典》《老年人权益保障法》对此均有相关规定。只要父母缺乏劳动能力或者生活困难，成年子女就应履行这一法定义务，且不得附加任何条件。

二、原告可选择向自己住所地法院起诉追索赡养费

《最高人民法院关于适用〈中华人民共和国民事诉讼法〉的解释》第九条规定："追索赡养费、扶养费、抚养费案件的几个被告住所地不在同一辖区的，可以由原告住所地人民法院管辖。"追索赡养费的原告为老人，处于相对弱势地位，尤其对于年龄较大、身体不好的老人来说，在几个被告住所地不在同一辖区的情况下，再行依据"原告就被告"的一般地域管辖原则，势必增加原告的诉累。因此，司法解释赋予了原告选择向自己住所地人民法院起诉的权利。

三、因支出增多或收入较少等可再行起诉要求增加或减少赡养费

《最高人民法院关于适用〈中华人民共和国民事诉讼法〉的解释》第二百一十八条规定："赡养费、扶养费、抚养费案件，裁判发生法律效力后，因新情况、新理由，一方当事人再行起诉要求增加或者减少费用的，人民法院应作为新案受理。"现实中，由于物价上涨等原因导致消费支出增多，或因遭灾遇难等情况导致收入减少，致使生效裁判所确定的赡养费数额已与现

实不平衡，为了保护当事人的合法权益，维护安定的社会秩序，被赡养人可再行起诉要求增加赡养费，赡养人亦可再行起诉要求减少赡养费，但起诉要求无关增加或减少费用的，法院不予受理。

案例二

赡养义务的法定性与赡养费实现的优先性

——法律如何保障赡养权的实现?

赵迎晓[①]

对在父母离婚后未跟随父母一方共同生活的子女，子女成年后是否应承担赡养义务？对继子女而言，是否应对继父或继母承担赡养义务？对被判处罚金刑或没收财产刑的子女，其赡养义务是否免除？赡养费相较于罚金或没收财产等财产刑的执行是否具有优先性？

基本案情

张玉兰现年62周岁，与前夫李某于1981年生育了女儿李小红，于1983年生育了儿子李某超。1988年，张玉兰与前夫李某协议离婚，双方约定女儿李小红由李某抚养，儿子李某超由张玉兰抚养。1992年，张玉兰带着儿子李某超再婚，与育有两个12周岁的双胞胎儿子的孙某重新组建了家庭，张玉兰与孙某共同将三个儿子——李某超、孙小明、孙小刚抚养成人。

2000年前后，张玉兰的儿子李某超染上了赌博的恶习。此后李某超长期沉溺赌博，屡教不改。为筹得赌资，李某超于2020年9月入室抢劫被捕。2020年10月，孙某因病去世，刚退休不久的张玉兰精神遭受双重打击，于2020年年底患病入院，被诊断患有脑梗死、高血压、颈椎病、糖尿病等疾病。但住院治疗期间，四个子女未有一人前往医院照顾、看望张玉兰。

2021年1月，B市中级人民法院一审认定李某超犯抢劫罪，判处无期徒刑，剥夺政治权利终身，并处没收个人全部财产。李某超不服一审判决上诉至A省高级人民法院，后被驳回。

---

① 北京市延庆区人民法院永宁人民法庭法官助理。

张玉兰因生活困难，患病缺钱医治，于2021年5月向B市C县人民法院提起诉讼，她认为女儿李小红、儿子李某超、继子孙小明和孙小刚不履行赡养义务，向李某超索要一次性赡养费30万元，要求李小红、孙小明、孙小刚三人每月支付其赡养费1000元。庭审过程中，李小红称张玉兰在其年仅7周岁时便与父亲离婚，其后二人基本没有联系，双方无母女感情可言，拒不承担赡养费；继子孙小明、孙小刚则以张玉兰非其二人生母为由，拒绝承担赡养费用。B市C县人民法院经审理认为：李某超确实对张玉兰有赡养义务，但其因犯罪被判处无期徒刑，剥夺政治权利终身，并处没收个人全部财产，目前正在服刑，不具有赡养能力。李小红对张玉兰的赡养义务，不因张玉兰与李某的婚姻关系解除而终止。而张玉兰对孙小明、孙小刚来说虽非生母，但其与二人组成新家庭时二人年仅12周岁，尚处于青少年时期，张玉兰对二人进行了抚养教育，现因张玉兰生活确有困难，结合张玉兰的收入状况，法院一审判决李小红、孙小明、孙小刚三人自2021年5月起每月支付张玉兰赡养费600元，驳回了张玉兰的其他诉讼请求。

张玉兰随后向B市中级人民法院提起上诉。“我的儿子虽然因犯罪被判处无期徒刑并处没收个人全部财产，但他的赡养义务并不能因此而终止。儿子应支付的赡养费，可从还没有被执行没收的财产中扣除。”张玉兰称，她已年过六旬，体弱多病生活困难，每月1800元的退休金不足以支付基本生活费用以及医疗费用。

法理分析

B市中级人民法院经审理认为，张玉兰虽有退休金，但她患有脑梗死、糖尿病、颈椎病、高血压等高危疾病，需要继续治疗，生活花销大，且无人照顾。因此，她向子女追讨赡养费系出于实际需要，合法有据。从法律上来说，张玉兰的女儿李小红、儿子李某超、继子孙小明和孙小刚四人负有共同赡养张玉兰的法定义务。虽在服刑期间，但李某超亦应承担每月支付600元赡养费的义务，因李某超被判处无期徒刑，并处没收财产，故李某超的赡养费负担，宜通过一次性给付方式履行，结合张玉兰的实际情况，法院作出改判，除李小红、孙小明、孙小刚三人每月支付张玉兰赡养费600元外，判决李某超一次性支付136800元给张玉兰（2021年5月至2040年5月的赡养费）。

可能会有读者觉得，张玉兰仅与李小红在一起共同生活7年，在孩子未上小学时便离开了孩子，且之后又再婚，与李小红感情不深，法院应结合本案的实际情况免除李小红的赡养义务。也可能有读者认为，张玉兰并非孙小明、孙小刚的生母，应只让其亲生子女李小红与李某超承担赡养义务。抑或还有读者认为，李某超都被判处无期徒刑并没收财产了，他的这一份赡养费张玉兰肯定是拿不到了，判决李某超承担赡养费没有意义，应该将李某超的赡养份额也分到另外三个子女身上。其实不是这样的，下面根据现有法律规定进行法理上的分析：

首先，子女对父母的赡养义务是法定的，不因任何原因而免除。

根据《宪法》第四十九条第三款的规定，赡养父母是子女应尽的法定义务。任何人不得以任何方式加以改变，也不得附加任何条件进行限制。《民法典》第一千零六十七条第二款规定，成年子女不履行赡养义务的，缺乏劳动能力或者生活困难的父母，有要求成年子女给付赡养费的权利。第一千零六十九条规定，子女对父母的赡养义务，不因父母的婚姻关系变化而终止。父母离婚，未与子女共同生活的一方仍是子女的父或母，其再婚也不影响子女应承担的赡养义务。父或母与子女的感情亦不影响赡养义务的承担。本案中，李小红虽然在7周岁时便与母亲张玉兰分开生活，但母女关系依然存在，母女感情不深及张玉兰之后再婚不会免除李小红对其母亲张玉兰的赡养义务。我国法律未规定赡养义务承担的终止、免除情形与事由，故不可免除李小红的赡养义务。

其次，继父或者继母和受其抚养教育的继子女间的权利义务关系，适用《民法典》中关于父母子女关系的规定。

法律是严谨的，不是僵化的，并非只要是继子女就必然负有赡养义务。我们在此做一个假设，若张玉兰与孙某再婚时，孙小明、孙小刚已经成人，或二人虽未成年，但已满16周岁且以自己的劳动收入为主要生活来源，并且张玉兰未对其二人进行抚养教育，则孙小明、孙小刚依法不需要承担对张玉兰的赡养义务。但是，对于继子女主动承担赡养扶助义务的行为，应当予以鼓励和支持。本案中，张玉兰在孙小明、孙小刚12周岁时成为其二人的继母，与二人共同生活，尽到了对未成年子女抚养、教育和保护的义务，有对其二人抚养教育的法律事实，故应适用《民法典》第一千零七十二条的规定，即使是继子，因受继母张玉兰抚养教育，孙小明、孙小刚也有赡养张玉兰的义务。

最后，若被执行人在执行中同时承担刑事责任、民事责任，其财产不足以支付的，赡养费等民事债务优先于刑事财产刑的执行。

根据《最高人民法院关于刑事裁判涉财产部分执行的若干规定》这一司法解释及私权保障的原理，可以认定赡养费应优先于李某超被没收全部个人财产的执行。李某超基于子女的赡养义务应向张玉兰给付赡养费，这是民法上的责任；李某超因抢劫罪被判处无期徒刑，剥夺政治权利终身，并处没收全部个人财产，这属于刑事法律规范调整的刑事责任。《最高人民法院关于刑事裁判涉财产部分执行的若干规定》第九条规定应保留被执行人及其所扶养家属的生活必需费用，第十三条则具体规定了民事债务优先于罚金和没收财产的执行，体现了国家对个人尤其是老年人合法权益的保护与重视。本案中，李某超虽然被判处没收个人全部财产，但张玉兰享有的赡养费可优先从李某超个人财产中予以扣除执行。此外，需要注意的是，若刑事案件被告人被判处承担人身损害赔偿中的医疗费用或退赔被害人的损失，这两种性质款项的执行是优先于赡养费的。

法条链接

《中华人民共和国宪法》

第四十九条第三款 父母有抚养教育未成年子女的义务，成年子女有赡养扶助父母的义务。

《中华人民共和国民法典》

第一千零六十七条 父母不履行抚养义务的，未成年子女或者不能独立生活的成年子女，有要求父母给付抚养费的权利。

成年子女不履行赡养义务的，缺乏劳动能力或者生活困难的父母，有要求成年子女给付赡养费的权利。

第一千零六十九条 子女应当尊重父母的婚姻权利，不得干涉父母离婚、再婚以及婚后的生活。子女对父母的赡养义务，不因父母的婚姻关系变化而终止。

第一千零七十二条 继父母与继子女间，不得虐待或者歧视。

继父或者继母和受其抚养教育的继子女间的权利义务关系，适用本法关于父母子女关系的规定。

《最高人民法院关于刑事裁判涉财产部分执行的若干规定》

第九条 判处没收财产的，应当执行刑事裁判生效时被执行人合法所有的财产。

执行没收财产或罚金刑，应当参照被扶养人住所地政府公布的上年度当地居民最低生活费标准，保留被执行人及其所扶养家属的生活必需费用。

第十三条 被执行人在执行中同时承担刑事责任、民事责任，其财产不足以支付的，按照下列顺序执行：

（一）人身损害赔偿中的医疗费用；

（二）退赔被害人的损失；

（三）其他民事债务；

（四）罚金；

（五）没收财产。

债权人对执行标的依法享有优先受偿权，其主张优先受偿的，人民法院应当在前款第（一）项规定的医疗费用受偿后，予以支持。

法官普法

关于如何理解赡养义务的法定性特点的问题。子女赡养父母是中华民族的传统美德，也是法律规定的义务。子女对父母的赡养义务同父母对未成年子女的抚养、教育和保护的权利义务一样，是法定的，子女不可通过协议免除自己的赡养义务。缺乏劳动能力或者生活困难的父母，有要求成年子女给付赡养费的权利。赡养人应当在经济上供养、生活上照料、精神上慰藉老年人，保障老年人的基本生活。子女不能以自己对父母的亲疏好恶、自己与父母的感情深浅等事由来选择是否赡养父母。现实生活中存在子女之间达成协议私下免除其中一个或两个子女赡养义务的情形，这在法律上是不被认可和允许的。

关于赡养费数额如何确定的问题。法律未对赡养费数额的确定作明确规定，司法实践中一般参照当地人均消费性支出标准来确定赡养费的数额，结合被赡养人的收入水平与维持正常生活水平所需花费进行一定范围内的调整。具体分担到每个子女身上时，可基于各子女经济条件的不同，判令其承担不同金额的赡养费。需要注意的是，并不是说给的赡养费多就可以免除精神赡养的义务，在赡养这一法律关系中，“金钱绝不是万能的”。另外，对于被赡养人就医花费较大的情况，一般确定各赡养人承担医疗报销部分之外一定比例的费用，以减轻老年人看病的负担。

关于赡养费的给付方式及计算期限的问题。司法实践中，多为赡养人按月给付被赡养人赡养费，但也有特殊情形，比如本案其中一个赡养人李某超被判处了无期徒刑并没收个人全部财产，此时宜判决一次性给付赡养费。本案中张玉兰的寿命是一个不可确定的事项。对此，二审法院采用国家统计局关于我国人口平均预期寿命的测算，参照《最高人民法院关于审理人身损害赔偿案件适用法律若干问题的解释》中关于被扶养人生活费年限的计算方式，以80周岁作为寿命预期计算李某超应承担的赡养费，符合法理。

关于赡养费如何实现的问题。子女不履行赡养义务的，被赡养人可以起诉至法院，要求子女给付赡养费。在法院作出调解或判决之后，子女未按照生效调解书或生效判决书给付赡养费的，被赡养人可依生效法律文书向法院申请强制执行。当赡养人被判处罚金或没收财产刑，赡养人财产刑进入执行阶段后，被赡养人若已取得生效法律文书确定赡养人给付赡养费的，可持相关法律文书向执行局提起执行异议或书面申请，要求法院为自己留出赡养费；若被赡养人因未满60周岁等原因尚未提起主张赡养人承担赡养义务的诉讼，则可以持相关身份证明材料向执行局及时提交书面申请，要求法院为之留取必要生活费。

案例三

农村空巢老人如何养老？

——与空巢老人养老相关的遗赠扶养协议纠纷

谭志华[1]

农村老龄化程度深、发展速度快，数据显示，当前农村60周岁、65周岁及以上老年人的比重分别为23.81%、17.72%，比城镇高出7.99%、6.61%。[2]且农村外出务工的年轻人较多，在全国整体老龄化水平高、空巢老人基数大的背景下，农村空巢老人形势更为严峻，许多空巢老人便选择通过遗赠扶养协议的方式养老。本文将通过一起空巢老人签订遗赠扶养协议引发纠纷的典型案例，对遗赠扶养协议的基本问题进行总体介绍。

基本案情

闫潇潇是闫松与张芬的女儿，闫潇潇的母亲张芬2012年因病去世，翟兰英从2015年起担任保姆，照顾闫松的生活起居。2017年7月11日，闫松将闫潇潇诉至法院，要求确认张芬所留房产的50%归闫松所有，剩余房产的50%由闫松与闫潇潇按法定继承分割。后经法院审理后调解如下：闫松对该房屋享有三分之二产权，闫潇潇对房屋享有三分之一产权。2018年6月16日，闫松与翟兰英签订遗赠扶养协议，遗赠人闫松，扶养人翟兰英，内容为："遗赠人与张芬系原配夫妻关系，张芬于2012年12月31日因病去世，遗赠人与张芬育有一女闫潇潇，因种种原因闫潇潇不尽赡养义务，近两年遗赠人的日常生活都由扶养人翟兰英悉心照顾，现双方愿意签订如下遗赠扶养协议，望双方共同履行。一、遗赠人自愿将自己所拥有房产的三分之二赠给

---

① 北京市延庆区人民法院审判管理办公室（研究室）法官助理。

② 数据来源于第七次全国人口普查公报。

扶养人翟兰英，扶养人在遗赠人去世后受领上述财产。二、扶养人必须继续对遗赠人悉心照顾，保证遗赠人能够安度晚年，至遗赠人去世之前供给衣、食、住、行、医疗陪护护理，并尽到生养死葬的义务。三、如果扶养人没有尽到本协议第二条约定的义务，遗赠人可以解除遗赠扶养协议。四、如果扶养人尽到了本协议第二条约定的义务，遗赠人不得随意更改本遗赠扶养协议。五、本协议自签订之日起生效。”闫松与翟兰英均在协议的尾页签字捺印。闫松在该协议尾页写有“以上内容是在我思维清楚且没有任何胁迫的情况下的真实意思表示。闫松，2018年6月16日”。上述协议的签订由某法律服务所见证，2018年6月16日，该法律服务所出具见证书，指派刘某某、张某某见证。2019年6月6日、2020年4月15日、2020年7月26日，闫松分别在医院住院治疗，住院期间由翟兰英对其进行照顾。2020年8月7日，闫松因病去世，翟兰英租赁冰棺并购买寿衣，闫潇潇办理了闫松的火化、骨灰登记等事宜。2020年9月，涉案房屋被拆迁，闫潇潇只领取到其中三分之一份额的拆迁款。闫潇潇对遗赠扶养协议产生疑问，遂向法院起诉请求：（1）确认遗赠扶养协议无效，取消翟兰英接受遗产的权利；（2）确认闫松房产的产权由闫潇潇继承；（3）翟兰英承担本案诉讼费用。

本案中，闫松与翟兰英之间签订的遗赠扶养协议是否有效成为争议焦点，原告闫潇潇认为，翟兰英对闫松履行扶养义务的资金来源系被扶养人闫松所有，翟兰英未使用自己的资金履行扶养义务，实质为代付代办，其没有参加火化仪式，更没有履行安葬义务，不符合法律规定遗赠扶养协议的立法初衷。此外，被告翟兰英已婚有配偶子女，但在其父亲闫松家中当保姆期间，翟兰英通过不正当方法欺骗其父亲闫松的感情，其父亲闫松多次提出要与翟兰英结婚，导致父女关系僵化，2017年父女之间的诉讼即因闫松提出要与翟兰英结婚引发，因此，遗赠扶养协议的双方系非婚同居的情人关系，协议因违背公序良俗而自始无效，翟兰英不能取得遗产权利。

翟兰英辩称：“闫潇潇所述我扶养闫松所需的资金来源问题与本案无关，我一直悉心照料被扶养人闫松，我与闫松签订的遗赠扶养协议系双方真实意思表示，程序及格式符合协议要求，并由某法律事务所依法见证，且不违反法律、行政法规的禁止性规定，应为合法有效。协议双方当事人应当按照协议约定履行各自的义务，享受协议约定的权利。”

一审法院判决驳回闫潇潇的诉讼请求。闫潇潇不服判决，提起上诉。

二审法院判决驳回上诉，维持原判。

法理分析

读者朋友可能认为，保姆翟兰英照顾闫潇潇的父亲闫松仅五年，并且其间闫松有按时支付工资，保姆翟兰英所履行的照顾义务已经得到了相应的工资报酬，闫松所拥有的房产份额应当给予其女儿；也有读者朋友认为，虽然保姆翟兰英和闫潇潇之父闫松之间签有协议，但是闫松的女儿闫潇潇是法定继承人，房产应该也有法定继承人的份额才对；还有读者朋友认为，保姆翟兰英没有参加火化仪式，更没有履行安葬义务，应当视为对遗赠扶养协议没有完全履行到位，故房产的份额应当不属于翟兰英。

但在本案中，一审、二审法院均认可了该遗赠扶养协议的效力，认为翟兰英已经履行了应尽的义务，且闫潇潇之父闫松所拥有的房产份额全部属于翟兰英，这背后的法理依据是什么?

翟兰英与闫松签订遗赠扶养协议后，翟兰英按协议约定对闫松进行照顾，闫松生病住院期间由翟兰英照料，闫松去世后由翟兰英购买寿衣、租赁冰棺，闫潇潇为其父亲闫松办理火化、骨灰登记等事宜，从双方陈述的事实看，保姆翟兰英积极与闫潇潇共同履行安葬闫松的义务，根据整体行为加以判断，可以认为翟兰英对闫松已尽到生养死葬的义务。

遗赠扶养协议是双务合同，有如下构成要件：（1）遗赠人和扶养人具有完全民事行为能力；（2）当事人的意思表示真实、协商一致，协议条款完备，权利义务明确、具体、可执行；（3）遗赠的财产属遗赠人所有，产权明确无争议；财产特定、不易灭失；（4）遗赠人的债权债务有明确的处理意见；（5）遗赠人有配偶并同居的，应以夫妻共同为一方签订协议；（6）扶养人有配偶的，必须征得配偶的同意。本案中，闫松配偶已故，其所拥有的房产经法院调解后，确认三分之二归闫松所有，故房屋产权明确，遗赠扶养协议的签订，系闫松在2018年具有完全民事行为能力时作出，且意思表示真实。闫潇潇所出示的证据不能证明闫松和翟兰英违背公序良俗，故闫松与翟兰英签订的遗赠扶养协议，系双方真实意思表示，不违反法律规定，且翟兰英按协议履行了相应的义务，闫潇潇要求确认遗赠扶养协议无效的请求不能被支持。

在《民法典》生效之前，原《继承法》第五条规定："继承开始后，按照法定继承办理；有遗嘱的，按照遗嘱继承或者遗赠办理；有遗赠扶养协议的，按照协议办理。"这一规定和《民法典》中关于遗赠扶养协议效力的规定是一致的。因此，在财产继承中，如果各种继承方式并存，应当首先执行遗赠扶养协议，其次执行遗嘱和遗赠，最后才是法定继承。本案中，存在两种方式的继承，一是闫潇潇对闫松的财产具有法定继承的权利，二是保姆翟兰英和闫潇潇的父亲签有遗赠扶养协议，按照法律规定的顺序，遗赠扶养协议应当优先执行，故本案中，在认定遗赠扶养协议有效的情况下，先执行遗赠扶养协议，闫松享有的房产的三分之二的份额由保姆翟兰英享有，闫松拥有的其他财产，由女儿闫潇潇通过法定继承的方式继承。

法条链接

《中华人民共和国民法典》[①]

第一千一百五十八条 自然人可以与继承人以外的组织或者个人签订遗赠扶养协议。按照协议，该组织或者个人承担该自然人生养死葬的义务，享有受遗赠的权利。

---

① 根据《最高人民法院关于适用〈中华人民共和国民法典〉时间效力的若干规定》，该案系《民法典》施行前的法律事实引起的民事纠纷案件，适用当时的法律，故审理该案的法律依据为原《继承法》，但《民法典》与原《继承法》在遗赠扶养协议方面的规定一致，故此处列举《民法典》相关条文。

法官普法

养老服务是农村民生建设的重要项目，工业化、城镇化削弱了农村家庭的养老功能，农村空巢老人面临着日常生活照料缺位和精神慰藉匮乏的窘境，作为一种无奈的理性选择，空巢老人不得不找一个可靠的人对其进行生活照料，并与其签订遗赠扶养协议。那么，遗赠扶养协议中除了上述案例中涉及的内容需要注意，还有哪些问题值得我们重点关注呢？

一、老年人可以与继承人之外的组织或者个人签订遗赠扶养协议

订立遗赠扶养协议应当符合订立双务合同的基本要求，比如合同双方为完全民事行为能力人、意思表示真实、权利义务明确等前文所述的条件。也就是说遗赠扶养协议的签订，需要老年人意识清醒，能明确表达自己的真实意愿，选择的扶养人也需要意识清醒，表达清晰，且两人签订遗赠扶养协议时，需要在协议中将双方的权利义务约定明确。此外，还有一些身份的限制，《民法典》第一千一百五十八条规定，自然人可以与继承人以外的组织或者个人签订遗赠扶养协议。按照协议，该组织或者个人承担老年人生养死葬的义务，享有受遗赠的权利。该条文限定遗赠扶养协议中的扶养人不能是法定继承人，故而，老年人不能与自己的儿女或者其他法定继承人签订遗赠扶养协议，因为法定继承人和被继承人之间具有法定的互相扶养和继承的权利义务关系，不需要通过协议的方式来确定，继承人以外的组织和个人均可以成为遗赠扶养协议的主体，比如养老院、慈善组织及村委会、居委会等。《民法典》在原《继承法》[①]的基础上，扩大了扶养人的范围，不再要求组织必须是“集体所有制组织”，当前，包括社会养老机构，民间救助机构等在内的组织均可以与老人签订遗赠扶养协议，这一规定扩大了遗赠扶养协议可

---

① 原《继承法》第三十一条第二款规定，公民可以与集体所有制组织签订遗赠扶养协议。按照协议，集体所有制组织承担该公民生养死葬的义务，享有受遗赠的权利。

签订主体的范围，也让老人在选择扶养人时有了更多的选择权。

二、遗赠扶养协议效力优先于法定继承、遗嘱或遗赠

《民法典》第一千一百二十三条规定，继承开始后，按照法定继承办理；有遗嘱的，按照遗嘱继承或者遗赠办理；有遗赠扶养协议的，按照协议办理。《最高人民法院关于适用〈中华人民共和国民法典〉继承编的解释（一）》第三条规定，被继承人生前与他人订有遗赠扶养协议，同时又立有遗嘱的，继承开始后，如果遗赠扶养协议与遗嘱没有抵触，遗产分别按协议和遗嘱处理；如果有抵触，按协议处理，与协议抵触的遗嘱全部或者部分无效。该条文的规定和原《继承法》第五条[①]的规定是一致的，在遗产继承的过程中，遗赠扶养协议的效力优先于遗嘱和遗赠，遗嘱和遗赠的效力优先于法定继承。签订遗赠扶养协议，遗赠人与其子女的权利义务关系并不因此而解除，遗赠人子女对遗赠人的赡养义务，也并不因遗赠扶养协议而免除，遗赠人子女对遗赠人遗赠以外的财产仍享有继承权。因此，老年人在与村委会、养老机构等扶养人签订了遗赠扶养协议，且扶养人对老年人履行了协议约定的义务后，子女等法定继承人通过法定继承或遗嘱只能取得老年人遗赠扶养协议约定之外的财产。

三、遗赠扶养协议需要对财产范围及双方权利义务进行明确约定

在订立遗赠扶养协议时，最好在协议中具体明确地约定老年人遗赠的财产范围与扶养人提供扶养的义务范围，避免使用“生养死葬”一词进行简单概括，这样有助于避免产生纠纷且有利于矛盾的解决，比如在协议中明确约定扶养人应为老年人提供令老年人满意的经济扶养、生活照料、精神安慰等，或者进一步明确其他扶养的标准，明确哪些义务未履行即可解除合同。协议

① 原《继承法》第五条规定，继承开始后，按照法定继承办理；有遗嘱的，按照遗嘱继承或者遗赠办理；有遗赠扶养协议的，按照协议办理。

中约定的财产也应当具体明确，详细列明老年人财产的具体信息，且老年人不得将产权存在争议或者不属于自己的财产列入协议中，否则会导致遗赠扶养协议部分无效。同时，协议中可以明确约定老年人不得作出哪些损害扶养人权益的行为，比如，在遗赠扶养协议签订后，老年人不能随意处置协议中约定的财产。明确具体的约定更有利于保护遗赠扶养协议双方的合法权益。

四、遗赠扶养协议解除后供养费用的问题

遗赠扶养协议是一种平等、有偿、互负相应权利义务的协议，遗赠人与扶养人签订遗赠扶养协议后，该协议对双方具有同等的约束力，不能随意解除。《民法典》第五百六十二条规定，当事人协商一致，可以解除合同。因此，老年人与扶养人也可以协商一致解除合同。

合同解除后，关于供养费用的问题，《最高人民法院关于适用〈中华人民共和国民法典〉继承编的解释（一）》第四十条规定，继承人以外的组织或者个人与自然人签订遗赠扶养协议后，无正当理由不履行，导致协议解除的，不能享有受遗赠的权利，其支付的供养费用一般不予补偿；即扶养人中途不履行照料老年人等义务的，老年人无须支付其前期供养老年人所花费的供养费。遗赠人无正当理由不履行，导致协议解除的，则应当偿还继承人以外的组织或者个人已经支付的供养费用。如果是老年人要求解除合同的，或者老年人没有按约定履行协议内容，比如擅自处置了协议约定的财产，导致扶养人利益受损的，扶养人可以解除协议，并要求老年人承担前期赡养照料老年人所花费的供养费。此外，扶养人和遗赠人也可以在协议中自行约定供养费用的补偿问题，或者进一步明确补偿标准，有利于协议解除后经济纠纷的解决。

遗赠扶养协议制度是在我国农村“五保”制度基础上发展起来的，随着这一制度的不断完善，尤其是《民法典》出台以后，遗赠扶养协议制度得以进一步完善，这一制度的广泛应用将不断提升空巢老人尤其是农村空巢老人的生存质量与人格尊严，让农村老年人在无法享受充分的家庭养老的情况下，通过遗赠扶养协议的方式实现“老有所养、老有所依”。

案例四 如何守护乡村空巢老人的精神权益？

——论养老中的精神赡养问题

林益涵[①]

在2022年1月17日国务院新闻发布会上，国家统计局发布了我国最新人口统计数据。从年龄构成看，65周岁及以上人口已突破2亿，其中空巢老人人数突破1亿，农村的老年空巢家庭占比呈大幅上涨趋势。早在2019年11月，随着《国家积极应对人口老龄化中长期规划》的出台，我国已将应对老龄化正式上升为国家战略。空巢老人晚年生活的幸福，与美丽乡村建设息息相关，其中对老年人精神需求的满足和保障尤为关键。老年人精神权益得到保障，不仅是每个家庭塑造良好家风的必然之径，也是老龄化社会法治建设的应有之义。下面通过一个案例，一起来了解“精神赡养”这项不可或缺的子女义务。

基本案情

2019年11月，一张法院传票递到了张小涛的手上，令张小涛措手不及。自己一向老实本分，怎么会被起诉呢？张小涛感到不可思议。更令他意外的是，将自己告上法庭的，是自己的亲生父亲张强。张强向法院提起诉讼，要求张小涛对其承担赡养义务。可明明张小涛都是按期给父亲的银行卡打生活费的，说自己不承担赡养义务，简直莫名其妙。是父亲在无理取闹，还是其中有什么误会呢？

法官在审理本案时了解到，原来，张小涛的父母在其11周岁时因感情不和离婚，从此张小涛便跟着母亲生活，父亲张强每月给张小涛一定的抚养费直至张小涛成人，但平日里几乎没有探望过儿子，多年来父子感情一直较为

---

① 北京市延庆区人民法院民一庭（环资庭）法官助理。

淡薄。张强离婚后并未再婚，也无其他子女，现已年老，长年在村里独居，成了空巢老人，渐觉膝下凄凉。2018年，张强与张小涛母子商量，希望张小涛能够为自己养老，并定期去探望。张小涛则认为幼时父母离婚给自己造成很大的伤害，多年来张强没有尽到父亲的义务，在自己的成长中没有表示出对自己的关心和爱护，二人平日里几乎没有往来。但张强毕竟是自己的亲生父亲，所以张小涛同意通过每月支付必要赡养费的形式来履行对张强的赡养义务，但表示自己已在城市成家定居，无法满足定期回村探望的要求。一年多过去了，张小涛按照自己的承诺每月支付了赡养费用，但张强还是觉得孤苦无依，无奈之下便将张小涛诉至法院，要求张小涛除支付必要的赡养费用外，还应履行照顾义务，至少每月对其探望一次。

开庭时，张小涛认为父子之间关系已经十分冷淡，双方已无感情，没有必要再行探望，如果父亲需要请人照顾，自己可以通过雇佣保姆的方式请人照顾。而张强则坚持儿子应履行探望义务，提出哪怕不用儿子再给赡养费，也要定期回村探望的要求。

法院认为，成年子女对缺乏劳动能力或者生活困难父母的赡养是无条件的，赡养不仅仅是支付必要的赡养费用，还应当在精神上予以照顾和关爱。家庭应当是最不希望等价交换、最充满人类亲情的地方，张强和张小涛父子之间的多年积怨不能简单地评判对错，如今张小涛亦身为人父，对自己的父亲应当更加理解和包容，积极主动履行对父亲在生活上和精神上的赡养义务。同样，张强作为父亲应该体谅儿子已成家立业，生活不易，应更多地向儿孙展示长辈的慈爱，多与儿子沟通交流，修复双方感情，化干戈为玉帛，重建互助互爱、互谅互让的和谐家庭关系。最终，综合考虑探望的现实客观条件，法院判决张小涛于判决生效之月起每两个月探望张强一次。

法理分析

赡养，是指子女或晚辈对父母或长辈在物质上和生活上的帮助，主要包括履行对老年人经济上供养、生活上照料和精神上慰藉的义务，照顾老年人的特殊需要。其中“精神上慰藉”就是我们所说“精神赡养”的由来。

一、精神赡养的主体：谁有权要求精神赡养?

一般来说，精神赡养的主体即为需要赡养的父母或长辈。

第一，成年子女对父母的精神赡养义务。只要是有赡养能力的成年子女，无论男女、无论是否结婚，都有对父母的赡养义务。这种权利义务关系不仅适用于婚生子女与父母间，也适用于非婚生子女与生父母间，还适用于养子女与养父母间和形成了抚养教育关系的继子女与继父母间。应当注意的是，按照法律规定，如果成年子女确实经济能力较差，无给付赡养费能力，虽然可以因此免除给付赡养费的义务，但生活上的照料、精神上的慰藉义务不能免除。由此可见，精神赡养的重要性不亚于物质赡养，在某种程度上其具有更加突出的意义。

第二，晚辈对长辈的精神赡养义务。晚辈对长辈的赡养义务主要体现在孙子女、外孙子女与祖父母、外祖父母之间。按照法律规定，有负担能力的孙子女、外孙子女，对于子女已经死亡的祖父母、外祖父母，有赡养义务。此处的赡养关系形成需要具备两个条件，一是孙子女、外孙子女已经成年，且有负担赡养的能力；二是祖父母、外祖父母的子女已经死亡。如果孙子女、外孙子女与祖父母、外祖父母之间形成了赡养关系，那么精神赡养同样是必须履行的赡养义务之一。

第三，再婚的老年人是否有权要求精神赡养?再婚的老年人同样有权要求子女进行精神赡养，该义务不因老年人的婚姻关系变化而消除。对老年人而言，幸福的婚姻生活同样是晚年的天伦之乐，对此子女应当予以尊重，不能干涉阻挠，也不能因老年人离异、再婚而不履行对其的赡养义务。但对于老年人再婚后形成的继父母，由于其与已成年的子女一般没有形成抚养关系，所以此种情形下通常成年子女无须承担对该继父母的赡养义务。

第四，精神赡养权的丧失情形。丧失精神赡养权的唯一情形是父母对子女有严重犯罪行为，例如父母有杀害子女、严重虐待子女、遗弃子女或强奸女儿等行为，则父母丧失要求被害子女进行赡养的权利。但如果被害子女自愿赡养的，法律并不禁止。

二、精神赡养的内容：老年人精神需求的四个维度

精神赡养主要是应使老年人的精神需求得以满足。精神需求是人的基本需求，在人生的不同阶段呈现出不同的内容。一般来说，老年人的精神需求主要有四个维度：一是关系的需求，老年人需要有稳定的家庭关系和情感归属，能够感受到爱和归属，避免孤独感、疏离感，一些“空巢老人”经常出现的心理问题就是由于缺乏子女或晚辈的关爱，导致情感需求不能得到满足。二是能力的需求，老年人需要有能力积极参与家庭、参与社会，并在其中找到价值感和尊严感，从而有健康向上的精神寄托，形成“年老心不老”的生活态度。三是自我的需求，指的是老年人在独立人格、自我价值方面的需求，只有内心的自我实现，才能让老年人有自尊、自重、自爱的精神满足。四是安全的需求，除了衣食住行等物质方面的安全感外，活得受尊重也是老年人心理上更加关注的内容，不少老年人会因为自身年纪增大、身体机能下降而感到焦虑，甚至害怕受到威胁、恐吓等，因此精神上的安全感也是老年人精神需求中一项非常重要的内容。

三、精神赡养的特征：不确定性带来更强期待性

从法律层面上说，任何权利的本质都是对某种特定利益的保障。就精神赡养权来说，它体现的是老年人需要从家庭、子女等处得到关怀、慰藉和爱护的精神利益，是我国法律规定的家庭关系中的一项特殊的法定权利。

首先，精神赡养权具有不确定性。精神利益与物质利益不同，它不可量化，因此，它的概念和范畴都显得较为模糊，难以确定。这也导致立法上对精神赡养的规定较为笼统，仅是概括性、原则性的规定，而无法像其他一般性的权利义务那样予以细致规定。因此，在司法实践中，法官往往需要结合

社会公德、家庭道德去对是否符合精神赡养的主张进行判断。

其次，精神赡养权带有一定的社会公权性质。就每个具体的个人而言，主张精神赡养权是行使私权的表现。但就整个社会而言，精神赡养权与一般的私权不同，它同时带有社会公权的特征，具有一定的社会公益性。老年人是社会的重要群体，关心、关爱老年人关系到整个国家和社会的长治久安，所以精神赡养应属于整个社会共同承担的责任。另外，老年是完整人生中必经的一段岁月，一方面，子女或晚辈在孝顺老年人的过程中能体会到“乌鸦反哺”“羊羔跪乳”的天伦之乐，对年轻人来说同样是精神上的满足；另一方面，现在的年轻人就是未来的老年人，社会、家庭养成良好的尊老、敬老风尚对年轻人而言同样具有精神上的期待利益。因此，精神赡养权不仅是一项个体权益，同时也是一项社会公共利益。

最后，精神赡养权具有弱预期性。一般来说，权利的范畴和界限都是明晰的、确定的，应当具备一定的标准，从而使得权利人在行使该权利时能够有合理的预期。然而，一方面精神赡养在法律界定上的标准难以统一，另一方面精神利益的需求亦是因人而异，不同的人对精神需求的满足度也不同，这些因素综合导致了权利人在要求精神赡养权时难以作出有效预期。例如有些老年人心理上需要子女的长期陪伴，但在长期共同生活中也可能会出现更多的矛盾，反而造成了一些精神伤害；有些老年人需要定期探望，但受子女工作时间、交通成本等影响，多长时间探望一次最能促进家庭和谐同样没有具体标准。另外，有些客观上不具备定期探望条件的老年人则需要与子女通过其他的方式沟通交流。但也正是这些不可预见性，让精神赡养权变得更具可期待性，子女可以通过更多样的方式来表达对老年父母的孝敬、爱护，让每家每户的精神赡养都拥有自己独特的“印记”，精神赡养权也变得更加充满人性和温情，而不只是冷冰冰的法律条文。

四、精神赡养的表现方式：主动关爱与不多干涉的融合

无论是权利的行使，还是义务的履行，都是通过一定的行为方式进行

的，精神赡养同样如此。因此，精神赡养的方式主要有作为和不作为两种。

精神赡养方面的作为，即通过积极主动的方式满足老年人的精神需求。据前文所述，老年人的需求主要有关系的需求、能力的需求、自我的需求和安全的需求，其中大部分的精神需求都可以通过积极的作为方式得到满足。例如，可以通过“常回家看看”，给予老年人精神慰藉来满足关系需求；可以给老年人报名参加兴趣社团、培训班等，让老年人在兴趣爱好方面得到满足，同时扩大其交际圈，实现“老有所乐”，能力的需求、自我的需求都能得到满足。

精神赡养方面的不作为，即不从事可能对老年人造成精神伤害的行为，更不能对老年人进行精神虐待。首先，从老年人安全需求的角度出发，子女或晚辈在行为和言语上都不能侮辱、威胁老年人，更不能殴打、辱骂老年人，否则不仅违反法律，情节严重者甚至可能构成犯罪，被追究刑事责任；其次，老年人的自我需求也要求老年人能够实现“我的生活我做主”，因此子女或晚辈应当充分尊重老年人的精神意愿，对其婚姻、交友、参加社会活动以及其他精神生活的追求都不应干涉或限制。

法条链接

《中华人民共和国民法典》

第二十六条第二款 成年子女对父母负有赡养、扶助和保护的义务。

第一千零六十九条 子女应当尊重父母的婚姻权利，不得干涉父母离婚、再婚以及婚后的生活。子女对父母的赡养义务，不因父母的婚姻关系变化而终止。

《中华人民共和国老年人权益保障法》

第十四条第一款 赡养人应当履行对老年人经济上供养、生活上照料和精神上慰藉的义务，照顾老年人的特殊需要。

第十八条第一款、第二款 家庭成员应当关心老年人的精神需求，不得忽视、冷落老年人。

与老年人分开居住的家庭成员，应当经常看望或者问候老年人。

第二十一条第二款 赡养人的赡养义务不因老年人的婚姻关系变化而消除。

法官普法

古有“临行密密缝，意恐迟迟归”的诗句，写尽了父母对子女远行的牵挂。如今，空巢老人的精神赡养问题，不仅关乎每个家庭的幸福安定，更是新时代乡村振兴的大问题。在《老年人权益保障法》中，明确规定了老年人的精神权益，也规定了子女必须履行照顾和探望老年人的义务。而在实践中，我们应做到以下三点，从而更好地运用法律规定，维护和保障老年人的精神权益。

一是在思想上重视对农村空巢老人的精神赡养。作为子女应充分认识到精神赡养是保护老年人合法权益的一项重要内容，是赡养义务中不可或缺的重要部分。如果思想上不重视精神赡养，即便支付再多的赡养费，也填补不了老年人心中的“空白”。同时更要认识到，不履行精神赡养义务，不仅为道德所不齿，更为法律所不容。从本案来看，在张强眼中，儿子张小涛能够回村探望自己甚至比给付赡养费的意义更大。由此可见，精神赡养的重要性并不低于物质赡养。具体来说，子女应当经常和老年人沟通交流，多探望、多陪伴，日常通过视频、语音通话等灵活方式对老年人进行“线上陪护”，在生活中多倾听老年人的想法和意见，树立起尊老敬老的家庭风尚。

二是为精神赡养创造更有利的家庭环境。俗话说，“家有一老，如有一宝”。老年人精神需求得到满足，感到晚年快乐幸福，对一个家庭的和谐健康十分重要，作为子女也能感受到快乐。从这个意义上说，精神赡养的作用是相互的，老年人在享受子女们履行的精神赡养义务后，同样会用自身的感情去付出和回报家庭，形成良性循环。因此，作为子女，应当及时关注空巢老人的精神需求，为其创造丰富多彩的精神生活，缓解“空巢”生活的寂寞。

三是为精神赡养提供更多的救济途径。“常回家看看”已经写入法律，如果子女长年不回家探望，拒不履行精神赡养义务，老年人可以拿起法律武器依法维权。但除了诉诸法律，要求子女履行精神赡养义务外，老年人还可以通过其他方式来维护自己的合法权益。例如，老年人可以通过向村委会、老年协会等基层组织求助，请求其对子女进行批评教育，做思想工作，协助督促子女积极履行精神赡养义务；或可以请求人民调解组织等介入进行调解，消除双方的心结，促进双方情感复原，从情感、心理的角度让子女愿意去履行精神赡养的义务。

正因近黄昏，夕阳才无限好。老年生活也有着不输于青年、中年时期的精彩，有睿智的头脑能够表达，有丰富的经历可以传授，而这种精彩，离不开子女的关爱，离不开精神赡养的扶持。

案例五

老年人急需赡养费等不及判决怎么办?

——赡养纠纷中的先予执行

严玉婷[①]

“羊有跪乳之恩，鸦有反哺之义”，子女不履行赡养义务时，无劳动能力或者生活困难的父母有要求子女给付赡养费的权利。老年人将子女起诉到法院，一般是面临生活困难的无奈之举，他们或年事已高，或体弱多病，急需赡养费以解燃眉之急。一般情况下，执行程序应当在诉讼程序之后，即在被执行人不履行生效裁判文书时才能申请执行。但是有相当多的赡养纠纷案件，如果等判决、调解文书生效后再执行，会给老年人的生活带来不便，甚至耽误老人治病就医。因此，针对赡养纠纷这类特殊案件，法律允许当事人在判决前申请执行。那么，老年人要想申请先予执行，需要满足哪些条件呢?

基本案情

刘大爷与赵大娘膝下共有四子一女。两人含辛茹苦将五个子女抚养成人，子女们先后成家立业，并且家庭经济条件都比较好。但是，这五个子女从未向父母履行过赡养义务。刘大爷已满81周岁，体弱多病，丧失了劳动能力，且无经济来源，他多次要求子女履行赡养义务，但均遭拒绝。

2019年年底的一个下午，刘大爷不慎摔伤住院治疗。五个子女得知父亲住院后均未露面，刘大爷实在无力支付与日俱增的医疗费用，遂于入院后的第三天诉至法院，请求法院判令五个子女承担赡养义务，判决五个子女每人每月支付其赡养费1000元，承担实际产生的医疗护理等费用；并在审理过程

① 北京市延庆区人民法院民事审判一庭（环境资源审判庭）法官助理。

中向法院申请先予执行，请求五个子女每人立即给付医疗费2000元，以支付自己拖欠医院的费用。

对于刘大爷的先予执行申请，法院经审查后认为，刘大爷的五个子女作为赡养义务人应当履行相应的赡养义务，使患病的刘大爷及时得到治疗和护理，并向经济困难的刘大爷提供必需的医疗费用，刘大爷的申请符合法律规定。法院依照《民事诉讼法》的规定，裁定刘大爷的五个子女于裁定送达后每人立即向刘大爷支付医疗费2000元。

裁定送达后，五个子女均履行了文书确定的义务。随后，法院对刘大爷起诉五个子女的赡养纠纷案件进行庭前调解，调解过程中承办法官对五个子女进行了一系列的教育引导，子女当即诚恳地向法院表示今后一定会自觉履行赡养义务。双方当事人就赡养费用支付达成调解协议，并由法院出具了调解书。

法理分析

本案中，刘大爷因住院治疗需要用钱，在赡养纠纷案件审理过程中向法院申请先予执行部分医疗费用。那么先予执行究竟是什么？申请先予执行又需要满足怎样的条件呢？

一、先予执行制度

先予执行是指人民法院在受理案件后、作出终审判决之前，根据一方当事人的申请，裁定对方当事人向申请一方当事人给付一定数额的金钱或其他财物，或者实施或停止某种行为，并立即付诸执行的一种程序。其设立的着眼点，在于满足权利人的“迫切需要”，比如本案中申请人刘大爷“急需住院治疗”的需求。

一般情况下，民事案件的执行以生效判决为依据，需要等到判决生效后才能进行。但是，民事案件从起诉到作出生效判决，需要经过一定的时间。

对于某些原告来说，等待诉讼完结的这段时间可能会使其“迫切需求”无法得到及时有效的满足，比如本赡养纠纷案件的原告。他们往往是丧失劳动能力、生活无着的老年人，经常还患有疾病，面临沉重而紧急的医疗费负担。在这种情况下，如不先予执行，等到判决生效后才执行，他们的生活将难以维持，甚至生命健康也会受到严重影响。为此，法律针对赡养费、抚养费、扶养费等特殊纠纷设立了先予执行制度，法院可以依据当事人的申请依法裁决先予执行，从而解决这类问题。

二、先予执行应满足的条件

先予执行制度虽然有利于保护原告的合法权益，但是如果适用不当，很可能会侵害被告的权利。因此在当事人向法院申请先予执行时，法院会根据案情以及申请的内容，审查是否符合法定条件。

根据《民事诉讼法》相关规定，法院裁定先予执行应当符合以下条件：

第一，当事人提出申请。先予执行是因为当事人一方生产、生活急需而采取的措施，而是否急需，只有当事人体会最深。所以，只有在当事人提出申请的情况下，法院才能裁定先予执行。这句话也暗含了另一层意思，即法院不能依职权自行决定先予执行。法院可以在审理过程中向当事人释明符合条件的可以提出申请，但是若当事人不同意或者没有提出申请，法院不能自行裁定先予执行。具体到诉讼程序中，申请先予执行应当向法院递交书面申请书，如果老人因自身原因书写申请书有困难的，也可以口头申请。

另外，法院准予先予执行的裁定不得超过申请人申请的范围，也不可以对没有发生的、未来的赡养费份额先予执行。也就是说，如果刘大爷申请每个子女支付2000元医疗费，法院最多只能裁定先予执行每个子女2000元的费用。又如，如果刘大爷担心五个子女可能隐匿、转移财产，要求五个子女先支付未来五年的赡养费，法院也会驳回刘大爷的申请，因为这些赡养费尚未发生，五个子女将来有可能会自觉支付赡养费，法院不能对今后将发生的赡养费份额先予执行或暂扣。

第二，当事人之间权利义务关系明确，不先予执行将严重影响申请人的生活或者生产经营。裁定先予执行，实际上是在判决确定前，实现未来判决确认的部分实体权利。因此，裁定先予执行必须以当事人之间权利义务关系明确为前提。“权利义务关系明确”是指在民事法律关系中，谁是享有权利的一方，谁是负担义务的一方，以及各自享有什么样的权利、负担什么样的义务都是明确的。所谓“严重影响”，是指申请人难以甚至无法维持基本的生活、生产需要，如果对申请人没有产生这种影响，就不能采取先予执行的措施。

第三，被申请人有履行能力。如果被申请人没有履行义务的可能，比如被申请人面临破产，或者被申请人身无分文，又无任何有价值的财物，则不能裁定先予执行。

第四，申请人有实现权利的迫切需要。即如果申请人不预先实现有关的权利，则其生活或生产就会遇到极大的困难。先予执行程序毕竟是一般执行程序的例外，突破一般执行顺序要求在裁判之前先“拿钱”，需要申请人就其权利主张的急迫性提供相应的证明。

本案中，刘大爷申请执行的医疗费属于先予执行的适用范围，而刘大爷已经丧失劳动能力，收入微薄，显然无力支付住院就医的费用，如不先予执行将严重影响申请人刘大爷的健康和正常生活，且根据被执行人五个子女的收入状况，他们都有履行义务的能力，因此经申请人刘大爷主动申请，法院依法裁定先予执行。

三、先予执行程序的救济

法院对当事人先予执行的申请应当进行审查，认为符合先予执行条件和适用范围的，裁定先予执行，不符合先予执行条件和适用范围的，驳回申请。但是，由于先予执行是法院在紧急情况下所采取的临时性应急措施，而且发生在民事权利义务最后确定之前，所以也可能出现错误的先予执行裁定，侵害被执行人的权利，故法律也为先予执行的被执行人设置了相应的救济程序。

（一）被申请人或者利害关系人不服先予执行裁定

如果当事人对先予执行的裁定不服，不得提起上诉，但可向作出裁定的法院申请复议一次，复议期间不停止先予执行裁定的执行。法院应当在收到复议申请后十日内审查。裁定正确的，通知驳回当事人的申请；裁定不当的，作出裁定变更或者撤销原裁定。除被申请人外，利害关系人对先予执行的裁定不服申请复议的，由作出裁定的法院依照上述规定处理。

（二）原赡养纠纷败诉

虽然一般来说，先予执行当事人之间权利义务关系十分明确，但是也会发生先予执行完毕后，原本的赡养纠纷案件被法院判决原告败诉的情形，或者原告虽未败诉但获得了大于最终判决的超额利益。此时，申请人所获取的利益的全部或部分就失去了法律依据。

我国法律对此规定了赔偿损失与执行回转两种补救措施。并且，在申请人提出先予执行申请的时候，法院可以责令申请人提供担保，申请人不提供担保的，驳回申请。如果法院经审查被申请人或者利害关系人的申请，撤销了先予执行裁定，或者原来的赡养纠纷案件原告败诉了，那么一方面，申请人应当赔偿被申请人因先予执行遭受的财产损失；另一方面，利益受损的被申请人可以经过执行回转获得救济。执行回转能够直接适用于执行程序，将已执行的财产返还被申请人。

法条链接

《中华人民共和国民事诉讼法》

第一百零九条 人民法院对下列案件，根据当事人的申请，可以裁定先予执行：

（一）追索赡养费、扶养费、抚育费、抚恤金、医疗费用的；

（二）追索劳动报酬的；

（三）因情况紧急需要先予执行的。

第一百一十条 人民法院裁定先予执行的，应当符合下列条件：

（一）当事人之间权利义务关系明确，不先予执行将严重影响申请人的生活或者生产经营的；

（二）被申请人有履行能力。

人民法院可以责令申请人提供担保，申请人不提供担保的，驳回申请。申请人败诉的，应当赔偿被申请人因先予执行遭受的财产损失。

《中华人民共和国老年人权益保障法》

第七十五条 老年人与家庭成员因赡养、扶养或者住房、财产等发生纠纷，可以申请人民调解委员会或者其他有关组织进行调解，也可以直接向人民法院提起诉讼。

人民调解委员会或者其他有关组织调解前款纠纷时，应当通过说服、疏导等方式化解矛盾和纠纷；对有过错的家庭成员，应当给予批评教育。

人民法院对老年人追索赡养费或者扶养费的申请，可以依法裁定先予执行。

法官普法

先予执行程序是保护老年人合法权益的一项重要法律制度，是法律对老年人这一弱势群体的倾斜保护，充分体现了尊老爱幼、扶危济困、保护弱势群体的传统美德。法院对于老年人追索赡养费或者扶养费的申请，在作出判决之前，可以裁定被告人先交给老年人一定数额的赡养费和扶养费，并立即执行，以保证老年人的正常生活。这一制度是对不履行赡养义务者的法律约束，是老年人权益免受侵害的法律保证，也是司法机关直接保护老年人合法权益的法律依据。

因此，老年人在生活困难或急需医疗费的情况下，可以尝试向法院申请先予执行，通过法院强制执行的方式，先行拿回部分款项以解燃眉之急。子女们也应该意识到赡养义务的特殊性，及时履行相应义务，不能妄想通过拖延诉讼程序拒绝履行应尽义务，等到被强制执行才追悔莫及。

和睦的家庭关系是社会和谐的基础，代际的赡养和抚养关系是生命延续的保障。父母、子女之间应当互相帮助，互相扶持，共同面对生活中的困境，积极履行法律上、道义上的责任，用爱与温情让一直陪伴在我们身边的人有所依、有所养。

案例六

如何保障老年人老有所养、住有所居？

——赡养纠纷中的居住权

郝增丽[①]

司法实践中常会出现老年人基于教育、子女成家立业等原因转让自有房屋至子女名下，同时又担心自己年老后“无处可居”，便和子女约定仍在该房屋居住的情形。转让后的房屋虽非老年人所有，但其仍享有在该房屋居住的权利，无论是和子女共同居住还是自己居住，该权利都是子女履行赡养义务的一部分，法律应当保障老年人的居住权，使老年人老有所养、住有所居。

基本案情

刘某（1964年出生）与魏某原系夫妻关系，1987年生育一子魏某某，由两人抚养至成年。2010年，刘某与魏某经法院调解离婚。同时，因考虑到魏某某已到法定结婚年龄，刘某与魏某遂签订《协议书》，约定将其二人共同所有的一处房屋、家具及电器赠与二人之子魏某某，其二人对涉案房屋享有居住权、使用权。2018年，魏某、魏某某共同出资对涉案房屋进行翻建，其中北房及南房均为三个房间。后刘某因自己年事已高，魏某某一直未对其履行赡养义务，并拒绝其在涉案房屋居住，将魏某某诉至法院，要求魏某某自2021年4月1日开始每月给付其赡养费3000元，负担其医疗费和住院期间的护理费，并请求法院判决其享有涉案房屋北房及南房一半的居住权。

庭审过程中，魏某某辩称：“刘某是我的母亲，我由刘某抚养长大。2010年，刘某与我父亲魏某离婚时，二人确将共同财产（包括涉案房屋）赠与我所有。2018年，我与父亲魏某共同出资对涉案房屋进行翻建，其中北房

---

① 北京市延庆区人民法院立案庭（诉讼服务中心）法官助理。

及南房均为三个房间，无东西厢房。现我同意每月给付我母亲赡养费1000元，腾出南房一个房间供其居住，但不同意其享有涉案房屋北房及南房一半的居住权，亦不同意另行给付其医疗费及住院期间的护理费。”因双方各持己见，最终未能达成赡养协议。后法院作出判决：（1）自2021年4月1日始，被告魏某某每月给付原告刘某赡养费2000元；（2）原告刘某看病所支付的医疗费、住院期间的护理费由被告魏某某负担（于每年的12月31日前凭票据结算）；（3）原告刘某对涉案房屋北房及南房东数各第一个房间均享有居住权；（4）驳回原告刘某的其他诉讼请求。

法理分析

赡养纠纷中的老年人，根据自身情况，对子女的赡养要求大有不同。有的老年人因经济困难需要物质赡养，衣食住行都需要子女提供经济帮助，会要求子女每月给付一定金额的赡养费，承担医疗费等费用，也会要求子女为其提供可以居住生活的房屋；有的老年人则需要精神赡养，其收入足够日常生活开支，但希望子女常去陪伴探望照顾等。而成年子女对父母负有赡养的义务。本案中，对于赡养费，法院认为，成年子女不履行赡养义务的，缺乏劳动能力或者生活困难的父母，有要求成年子女给付赡养费的权利。刘某将魏某某抚养至成年，现刘某在生活困难的情况下要求魏某某对其进行赡养，系魏某某的义务。刘某为保障生活，要求魏某某每月支付赡养费，理由正当，应予支持。至于赡养费的数额，应结合本地区居民的生活水平及刘某的实际需求予以确定。刘某看病的医疗费、住院期间的护理费，亦应由魏某某承担。刘某与魏某离婚时，其二人共同将涉案房屋赠与魏某某所有，且言明刘某对该房屋享有居住、使用权，后魏某、魏某某虽共同出资对涉案房屋进行了翻建，但魏某某仍应腾退出适当的房间供刘某居住。魏某某仅同意腾出南房一个房间供刘某居住，且不同意另行给付刘某医疗费及住院期间护理费的抗辩理由，因无法律依据，法院不予采信。

本案中，法院支持刘某居住权的主要依据在于刘某与魏某签订的《协议书》。一方面，从合同的角度分析，《协议书》中明确约定刘某与魏某虽然将房屋赠与其子魏某某，但二人对涉案房屋享有居住权、使用权。该协议没有任何无效、可撤销的情形，双方当事人也均认可该协议，应属有效。魏某某接受了刘某与魏某房屋的赠与，并办理房产登记获得了所有权，就代表其接受了赠与所附的义务，即让刘某与魏某居住、使用涉案房屋，刘某享有房屋的居住权。因此，魏某某应遵守协议约定让刘某居住涉案房屋。另一方面，从赡养的角度分析，成年子女对父母负有赡养的义务，刘某将魏某某抚养至成年，现刘某年事已高需要魏某某对其进行赡养，让刘某住有所居则是魏某某履行赡养义务的重要内容，魏某某理应保障刘某的居住需求。

法条链接

《中华人民共和国民法典》

第二十六条第二款 成年子女对父母负有赡养、扶助和保护的义务。

第三百六十六条 居住权人有权按照合同约定，对他人的住宅享有占有、使用的用益物权，以满足生活居住的需要。

第一千零四十三条第二款 夫妻应当互相忠实，互相尊重，互相关爱；家庭成员应当敬老爱幼，互相帮助，维护平等、和睦、文明的婚姻家庭关系。

第一千零六十七条第二款 成年子女不履行赡养义务的，缺乏劳动能力或者生活困难的父母，有要求成年子女给付赡养费的权利。

《中华人民共和国老年人权益保障法》

第十六条第一款 赡养人应当妥善安排老年人的住房，不得强迫老年人居住或者迁居条件低劣的房屋。

法官普法

居住权作为《民法典》新增的一项权利，是指以居住为目的，对他人的住房及其附属设施所享有的占有、使用的权利。[①]与所有权相比，居住权的取得以无偿为原则；与承租权相比，居住权没有最长期限的限制。一旦设立了居住权，如果没有法定或约定的事由，无论该房屋是被买卖还是发生继承，房屋所有权人都不能要求居住权人搬离。居住权的上述特征使居住权人有了更为稳定的居住利益，对保障弱势群体“住有所居”具有重要意义，也为老年人提供了新养老方案。对于居住权，我们需要知道哪些东西呢？

一、居住权的种类

居住权根据设立方式的不同可以分为合同型居住权、遗嘱型居住权、法院裁判型居住权三类。[②]

（1）合同型居住权。依据《民法典》第三百六十七条[③]的规定，合同型居住权需要当事人达成一致意思表示，采用书面形式订立合同，合同中需要包括以下内容：当事人的身份信息，住所地址，居住的条件、要求，居住权期限以及解决争议的办法等。

（2）遗嘱型居住权。遗嘱型居住权出自《民法典》第三百七十一条，该条规定：“以遗嘱方式设立居住权的，参照适用本章的有关规定。”立遗嘱人可以在自己的遗嘱中为他人设立居住权。实践中，该种居住权一般基于特定的身份关系或者感情关系而产生，立遗嘱人想让对方在自己去世后也能得到相应保障。与合同型居住权相比，遗嘱型居住权由立遗嘱人单方意思表示即可设立，属于单方法律行为；一般是无偿设立的；居住权的设立多发生在具有特殊关系的人之间。

---

① 参见王利明：《论民法典物权编中居住权的若干问题》，载《学术月刊》2019年第7期，第91页。

② 参见黄薇主编：《中华人民共和国民法典释义》（上），法律出版社2020年版，第715页。

③ 《民法典》第三百六十七条规定：“设立居住权，当事人应当采用书面形式订立居住权合同。居住权合同一般包括下列条款：（一）当事人的姓名或者名称和住所；（二）住宅的位置；（三）居住的条件和要求；（四）居住权期限；（五）解决争议的方法。”

（3）法院裁判型居住权。顾名思义，法院裁判型居住权是指法院通过判决设立的居住权。其依据可以参照《民法典》第一千零九十条之规定：“离婚时，如果一方生活困难，有负担能力的另一方应当给予适当帮助。具体办法由双方协议；协议不成的，由人民法院判决。”其中的经济帮助形式多样，除金钱财物外，还可以是房屋的所有权或者居住权。[①]法院裁判型居住权的特征在于以法院判决为依据产生物权变动的效力，也不以双方达成一致意思表示为前提，只要一方有房屋居住需求即可，获得居住权的方式、期限等也较灵活。

二、居住权的设立与消灭

由前述可知，居住权可以通过订立合同、作出遗嘱、法院判决设立。《民法典》第三百六十八条对居住权的设立原则、设立手续以及设立时间进行了规定：“居住权无偿设立，但是当事人另有约定的除外。设立居住权的，应当向登记机构申请居住权登记。居住权自登记时设立。”由此规定可知，居住权的设立以无偿为原则，有偿为例外，并且必须经过居住权登记才能设立居住权。此外，《民法典》第三百七十条对居住权的消灭作出了规定：“居住权期限届满或者居住权人死亡的，居住权消灭。居住权消灭的，应当及时办理注销登记。”

三、居住权的权利冲突与解决

《民法典》第三百六十九条中规定：“居住权不得转让、继承。”该规定从性质上来讲应为强制性规定，违反该规定的民事行为无效。例如，在某一案件中，当事人李某主张丈夫去世后争议房屋虽然登记在其继女名下，但自己仍然享有争议房屋的居住权。法院则认为在无赡养义务的前提下，丈夫

---

① 参见中国审判理论研究会民事审判理论专业委员会编著：《民法典婚姻家庭编条文理解与司法适用》，法律出版社2020年版，第189页。

过世后李某居住争议房屋的权利基础已经丧失，因此驳回了李某的诉讼请求。该案背后的法理基础在于居住权不能继承，在共同居住的居住权人去世后，同住人不能直接凭借与居住权人的人身关系继承居住权。《民法典》第三百六十九条还对居住权与租赁冲突情况的处理作出了规定："设立居住权的住宅不得出租，但是当事人另有约定的除外。"一方面，当事人之间若有约定，设立居住权的房屋可以出租；另一方面，若在没有经过居住权人同意的情况下将房屋出租，该租赁合同属于无权处分，效力待定，相应的租金可能会构成不当得利。

四、居住权实践中出现的其他问题

（一）口头订立的居住权合同是否有效？

实践中，口头订立的居住权合同效力究竟如何存在争议。笔者认为，应该基于《民法典》对合同效力的一般规定区分不同情况进行判断。若双方当事人均认可该口头作出的合同，则应当按照合同有效处理；若有一方当事人不认可，根据现有证据能证明的，比如当事人已经入住房屋，也可以按照合同有效处理。

（二）一房屋存在多个居住权时该如何处理？

如果一房屋同时存在多个居住权，参考物权特性，以登记作为判断优先度原则，有登记的，以居住权登记在先；都没有登记的，以居住时间为准；既没有登记，也没有居住的，以合同订立时间为准。

（三）在法院作出判决后是否还需要办理居住权登记？

通过法院判决设立居住权是非基于法律行为发生的物权变动，该种物权变动可以直接依据法律规定发生物权效力，不需要办理物权登记。因此，在法院判决设立居住权中，登记并不是物权变动的生效条件。在判决作出并生效后，居住权人有权要求房屋所有人协助其办理居住权登记。需要指出的是，虽然法院判决设立居住权无须登记就可发生物权变动的效力，但只有在权利人进行居住权登记后，才有了物权“对外宣示”的作用。因此笔者建议，权利人在收到判决之后应及时前往登记机构申请居住权登记，以防产生不必要的纠纷。

（四）房屋出租后设立了居住权，租赁关系还存续吗？

根据《民法典》第四百零五条①与第七百二十五条②的规定，房屋出租后被买卖或者被抵押的，原租赁关系不受上述物权变动的影响。同理可知，居住权是一种用益物权，在房屋出租后设立了居住权的，原租赁关系依旧存续，不受影响。

---

① 《民法典》第四百零五条规定：“抵押权设立前，抵押财产已经出租并转移占有的，原租赁关系不受该抵押权的影响。”

② 《民法典》第七百二十五条规定：“租赁物在承租人按照租赁合同占有期限内发生所有权变动的，不影响租赁合同的效力。”

本章小结

“谁言寸草心，报得三春晖。”处理好赡养关系，是构建友爱、和谐、健康家风的第一步。如今随着生活条件的改善，老年人对赡养的需求也在不断产生新的变化，年轻人履行赡养义务的方式、内容等也都在与时俱进。结合本章的介绍，现将赡养关系中应注意的相关法律问题总结如下：

一、赡养义务属于法定义务，只要父母无劳动能力或生活困难，成年子女就应当履行赡养义务。该义务对婚生子女、非婚生子女、养子女以及与继父母形成了抚养教育关系的继子女均适用，且不得以父母婚姻关系发生变化、放弃继承权或未分得家产或者已断绝父母子女关系等理由拒绝赡养义务。有多个子女的，也不能以其他子女已经尽了赡养义务而拒绝赡养。

二、成年子女对父母经济上的供养，主要体现在赡养费的支付上。赡养费的范围应包含生活费、医疗费等必要费用，具体数额应根据父母的实际生活需要及身体情况、子女经济能力及当地生活水平等多种因素综合予以确定。有多个子女的，子女们应共同负担赡养费，但每个子女负担的数额可视经济情况等有所不同。如因物价上涨、消费支出增多、收入减少、遭灾遇难等原因，致使原先确定的赡养费数额已与现实不相符，被赡养人和赡养人均可视情况提起诉讼，要求增加或减少赡养费。

三、如成年子女拒不履行赡养义务，父母根据自身情况，可以选择向自己住所地或子女住所地的人民法院进行起诉，要求子女给付必要的赡养费；在人民法院依法作出裁判后，如子女仍不依照生效的裁判文书给予赡养费，则被赡养人可以到人民法院申请强制执行。

四、由于赡养费属于必要的生活费用，具有一定的紧迫性，因此被赡养人在起诉时有权向人民法院申请先予执行赡养费。人民法院对老年人追索赡养费或者扶养费的申请，在作出判决之前，可以裁定被告向老年人给付一定数额的赡养费和扶养费，并立即执行，以保证老年人的正常生活。

五、遗赠扶养协议属于平等主体之间签订的民事合同，其内容在不违反法律规定的前提下对双方均有约束力，生效后不能随意解除。在选择遗赠扶养协议的方式养老时，老年人慎重起见，对扶养人的选择应当进行充分的考量，例如选择社会养老机构作为扶养人，首先应辨别其是否有相应的资质，包括符合国家环境保护、消防安全、卫生防疫等要求的居住活动场地；其次要考察好其是否能提供自己满意的养老服务；最后对于哪些情况下己方有权解除遗赠扶养协议应当约定清楚，保护好自身的合法权益。

六、精神赡养同样是赡养义务中不可缺少的重要内容，老年人对于履行精神赡养义务不到位的子女同样有权通过法律手段主张权益。在精神赡养中，子女与父母应当互相包容、互相体谅，促进更加和谐的良好家庭关系。

七、“老有所居”是养老的必备条件，《民法典》的居住权制度为老年人的养老问题提供了充分的法律依据，该制度将房屋的居住权和所有权分开，满足“房子不归我，但我也能住”的诉求，更加有效地保障了老年人的合法权益。

第四章

农村房屋买卖

引 言

随着我国农村经济发展与城市化进程的推进，由于各种原因，部分农民选择定居在城镇而希望出售农村的房屋，而越来越多的城镇居民向往田园之乐，会选择购买农村房屋，因此逐渐形成了农村房屋在农村村民和城镇居民间频繁交易的现实。相对于城市商品房而言，因法律和政策对农村土地使用及流转方面的规制，农村房屋买卖交易行为受到了严格的限制，存在法律与政策的风险，由此引发大量的农村房屋买卖纠纷。审判实务中，该类纠纷的解决既涉及合同效力的认定，又涉及合同无效后续问题的处理。由于实践中的情况纷繁复杂，具体案件特点各异，因此，对农村房屋买卖合同纠纷的相关问题进行普法十分必要，本章就向大家介绍农村房屋买卖合同纠纷的相关法律问题。

案例一

农村房屋，不是想买就能买

——农村房屋买卖合同效力问题分析

郭敏娜[1]

随着城乡一体化建设进程的推进，部分城镇居民对田园生活充满向往，便有了到农村购买房屋的打算。但是，城镇居民到农村购买房屋远没有想象中那般美好，可能因不符合相关规定导致购房行为无效。本文介绍一起涉农村房屋买卖合同效力的典型案例，提示城镇居民理性购买农村宅基地上所建房屋。

基本案情

李老汉在幸福村建有三间北房。1992年8月，李老汉与本村集体经济组织成员林二柱签订《农村房屋买卖合同》，内容为："幸福村李老汉现有北房三间，经与林二柱协商，将上述房屋卖给林二柱。一、经双方协商，上述房屋作价4000元整；二、买方于1992年9月将购房款一次性付给卖方；三、房屋产权自买方交纳现金之日起，归买方所有，并同时将卖方的建房批示表交与买方；四、买卖房屋过户、税金交纳及各种现金费用均由买方负责。"

林二柱有一子林丁。2005年12月，林二柱与胡大友签订《房屋买卖合同》，内容为："幸福村林二柱现有北房三间、西房两间、地窖一处，因住所变更，经与胡大友协商，证人作证，将上述房屋卖给胡大友，特立契约如下：一、经双方共同协商，上述房屋作价2.4万元整；二、买方将全部现金于2005年12月3日一次性付给卖方；三、房屋产权自买方交纳现金之日起，归买方所有；四、买卖房屋手续均由卖方负责办理，办妥后房产卖契表由卖

① 北京市延庆区人民法院民事审判一庭（环境资源审判庭）法官助理。

方交与买方；五、卖方在2006年3月底搬出……”2007年1月，林二柱书写《房屋买卖补充合同》：“本人林二柱于2005年将坐落在幸福村院落的北房三间及厢房卖给胡大友，当时忘记办理过户手续，现因政策原因不能补办过户手续，在此，本人补充并再次重申，该房屋虽没有办理过户手续，但该套房屋无论是正常居住、买卖，还是遇国家或集体拆迁，所有产权均归胡大友所有，与本人林二柱及其他人无任何关系（注：此房屋的买卖合同上已有村委宋某及村委会主任聂某2007年1月的正式签字证明），证明人宋某、聂某。”

2018年10月，李老汉诉至法院，要求确认李老汉与林二柱签订的《农村房屋买卖合同》无效；并判令将坐落在幸福村的房屋返还李老汉。同年12月，法院判决驳回李老汉的诉讼请求。

后由于林丁娶妻生子，没有住房，2021年6月，林二柱、林丁诉至法院，以胡大友系城镇户口，无权享有村集体经济组织成员所应享有的宅基地使用权为由，请求判令胡大友与林二柱之间的农村房屋买卖合同无效。

法院判决林二柱与胡大友签订的《房屋买卖合同》无效。

法理分析

一、土地制度变革对农村房屋买卖合同的影响

我国农村土地制度的历史沿革大致分为四个阶段。第一阶段是1982年之前，城镇居民、农村村民买卖农村房屋均有效。主要依据为：1962年《农村人民公社工作条例修正草案》第四十五条规定，社员的房屋，永远归社员所有。社员有买卖或者租赁房屋的权利。社员出租或者买卖房屋，可以经过中间人评议公平合理的租金或者房价，由买卖或者租赁的双方订立契约。第二阶段是1982年至1986年12月31日，城镇居民、农村村民买卖农村宅基地上房屋的规定相同，宅基地使用权需报生产大队（村）、公社（乡、镇）两级批准。主要依据为：1982年《宪法》规定，农村和城市郊区的土地，除由法

律规定属于国家所有的以外，属于集体所有；宅基地和自留地、自留山，也属于集体所有。第三阶段是1987年1月1日至1998年12月31日，对于城镇居民和农村村民购买农村房屋有不同的审批要求。城镇居民购买农村宅基地上房屋的，宅基地使用权需要通过村、乡（镇）人民政府及县级人民政府三级批准。农村村民购买宅基地上房屋的，宅基地使用权通过村、乡（镇）人民政府两级批准。第四阶段是1999年1月1日至今，城镇居民原则上不能购买农村房屋，除非其户口已迁入农村，并享受村民待遇。可在国务院办公厅颁布的《关于加强土地转让管理严禁炒卖土地的通知》（国办发〔1999〕39号）、2004年《北京市高级人民法院关于印发农村私有房屋买卖纠纷合同效力认定及处理原则研讨会会议纪要的通知》、《最高人民法院关于为推进农村改革发展提供司法保障和法律服务的若干意见》第二部分第二方面第四条中找到相应依据。

根据上述规定可知，自1999年以后，非本集体经济组织成员购买农村房屋的行为，一律无效。所以，为防止农村房屋买卖行为无效，购买人在购买农村房屋前，一定要确认自己与房屋出卖人是否为本集体经济组织的成员。本案中，林二柱是本集体经济组织成员，因此其与李老汉签订的《农村房屋买卖合同》有效，而胡大友并非宅基地所在村的集体经济组织成员，因此胡大友与林二柱签订的《房屋买卖合同》无效。

二、农村宅基地使用权的特点

一是具有福利性，其初始取得是无偿的；二是宅基地使用权的主体只能是农村集体经济组织的成员，城镇居民不得购置宅基地，除非其依法将户口迁入农村集体经济组织；三是宅基地使用权的用途仅限于村民建造个人住宅，包括住房以及与村民居住生活有关的附属设施，如厕所、院墙等；四是宅基地使用权实行严格的“一户一宅”制。根据《土地管理法》规定，农村村民一户只能拥有一处宅基地，其面积不得超过省、自治区、直辖市规定的标准。农村村民建设住宅，应符合乡（镇）土地利用总体规划，并尽量使用原有的宅基地和村内空闲地。农村村民住宅用地，经乡（镇）人民政府审核，由县级人民政府批准，但若涉及占用农用地的，应依照《土地管理法》有关规定办理审批手续。农村村民出卖、出租住房后，再申请宅基地的，不予批准。

本案中，李老汉根据农村宅基地使用权的福利性，初始、无偿取得了涉案地块。林二柱则根据购买同一集体经济组织成员建在宅基地上的房屋，依“房地一体”的原则而取得宅基地使用权。

三、农村宅基地使用权人的确定

宅基地使用权具有权利主体身份的特定性，限定为本村集体经济组织成员，其内容法定。如果买受人系本村集体经济组织成员，在购买农村房屋时，有必要考虑出卖人是否符合相关条件。其卖出行为是否受法律保护，可以结合以下情况判断：

一是以审批的权利人为基础，即《集体土地建设用地使用证》登记的使用权人可以卖出。

二是登记的使用权人的子女是否享有宅基地使用权，需分情况处理。首先，户口为第一考虑重点，可以通过继承、赠与、物权的原始取得方式获得宅基地上房屋的权属，如果其户口已转为居民，则不能获得房屋所有权。例如，子女因入学、参军、村集体转居、村某地块征收转为居民。其次，要看子女及父母的婚育情况，如果子女之前离婚，需要提交离婚证明等；如果子女结婚后失踪，需要提交失踪信息的材料；如果子女结婚，则需询问是否在涉案院落内居住生活，是否对院内房屋建造有出资，还需提交配偶的意见。最后，要看涉案院落内人员的居住生活情况，包括之前及现在的居住状况。

三是夫妻关系的成立并不必然导致配偶一方取得宅基地使用权。可结合结婚时间、配偶的身份、户口登记等情况，判断出卖人是否具有卖房资格。

四是登记使用权人之外的其他人参与建房时的处理。户口转为居民后确认房屋归出资人所有的例外情形包括:(1)出资建房行为发生在户口转居之前。买房人可以结合房屋的实际建造时间、房屋实际出资人、当事人的出资能力等判断。(2)在政府二十世纪八九十年代组织土地确权时，登记在户人员均已转为非农户，且已完成登记确权手续的，当时的登记在户人员再参与建房，可以认定其对房屋的权属。

五是看房屋出卖人分家协议中约定的内容。

四、如何界定“同一农村集体经济组织成员”?

房屋买受人符合农村宅基地使用权人的条件时，为保证农村房屋买卖合同有效，也要与出卖人属于“同一农村集体经济组织成员”。如何判断是否为本集体经济组织成员，不是仅以户口作为唯一标准，而要综合认定。一般而言，当事人若要证明自己为本集体经济组织成员，可提供以下证据:以农村集体经济组织内部家庭承包方式取得该集体经济组织承包土地的事实，在该集体经济组织领取分红款、物品等集体经济组织成员福利待遇的账目凭证，载有其加入该集体经济组织的村民会议记录等相关记载或文件，与该集体经济组织成员结婚并在该村长期定居生活的事实，能够判定其为该集体经济组织成员的其他事实或证据。户口迁入或迁出该村、参加村委会选举的事实，或者村委会出具证明、村民证人证言的证据，均不能单独作为认定其为本集体经济组织成员的依据。

本案中，涉案房屋位于幸福村，是集体土地上的农村房屋。林二柱在购买房屋后，又将房屋出售给胡大友。林二柱购买房屋时具有该村集体经济组织成员资格，其使用涉案房屋的宅基地，符合我国《土地管理法》的规定，故李老汉与林二柱签订房屋买卖合同的行为并未侵犯他人和集体的权益。法院据此认定李老汉与林二柱签订的《农村房屋买卖合同》有效。而胡大友系城镇居民，非幸福村村民，与林二柱不属于同一集体经济组织成员，其不具备使用该村集体土地的资格，二人签订的农村房屋买卖合同违反法律强制性规定，应为无效。

法条链接

《中华人民共和国民法典》

第一百五十三条第一款 违反法律、行政法规的强制性规定的民事法律行为无效。但是，该强制性规定不导致该民事法律行为无效的除外。

第三百六十三条 宅基地使用权的取得、行使和转让，适用土地管理的法律和国家有关规定。

《中华人民共和国土地管理法》

第十四条 土地所有权和使用权争议，由当事人协商解决；协商不成的，由人民政府处理。

单位之间的争议，由县级以上人民政府处理；个人之间、个人与单位之间的争议，由乡级人民政府或者县级以上人民政府处理。

当事人对有关人民政府的处理决定不服的，可以自接到处理决定通知之日起三十日内，向人民法院起诉。

在土地所有权和使用权争议解决前，任何一方不得改变土地利用现状。

法官普法

农村房屋买卖合同是出卖人转移农村房屋所有权于买受人，买受人支付价款的合同，与其他房屋买卖合同不同的是，农村房屋买卖合同的标的物为农村房屋，即在农村土地上建设的房屋。随着社会经济发展，房屋交易量逐年增多。因此，2011年《民事案件案由规定》将“农村房屋买卖合同纠纷”单列为“房屋买卖合同纠纷”项下的四级案由。禁止城镇居民购买农村房屋，是现行法律和政策的基本原则。宅基地使用权是农村集体经济组织成员享有的权利，与享有者特定的身份紧密相关，非本集体经济组织成员无权取得或变相取得。根据现行法律规定和相关政策，非本集体经济组织成员为购买农村宅基地或者房屋而与农民所订立的买卖合同应当被认定为无效。因该合同取得的财产，应当予以返还，不能返还或没有必要返还的，应折价补偿。出卖人对合同无效负主要责任的，应赔偿买受人的信赖利益损失。

再次提醒大家，特别是城镇居民、非本集体经济组织成员，在向往田园生活的同时要注重对自身权益的保护。农村房屋，不是想买就能买，宅基地上建设农村房屋的初衷是保障本村集体经济组织成员权益，因此买卖农村房屋限制较多。买卖双方实际履行、互不反悔，或可相安无事；一旦一方因利益驱动反悔，向另一方索要加价，甚至诉至法院主张农村房屋买卖合同无效，要求收回房屋，购房者往往无法取得行政管理部门颁发的证件，其产权难以在法律上得到承认。若法院判决合同无效，合同无效后双方甚至多方诉诸法院进行诉讼，牵扯翻修、重新装修、拆迁等利益纠葛，诉讼成本高且耗时长。因此，购买农村房屋一定要遵守国家法律相关规定。

案例二

农村房屋连环买卖，房子到底属于谁？

——农村房屋连环买卖处理结果分析

刘璐[①]

众所周知，农村村民出售其宅基地上的房屋给城镇居民或者非本村集体经济组织成员的，该房屋买卖合同违反国家土地管理政策，损害农村集体经济组织利益，一般会被认定无效。而实践过程中，农村房屋买卖往往不仅经历一手买卖，连环买卖的情况也屡见不鲜。本文将介绍一例典型的农村房屋发生连环买卖而引发的合同纠纷。

基本案情

2001年3月31日，宗明经土地管理部门批准，在户籍所在地宗家村获得了300平方米宅基地的使用权，后宗明在该宅基地上建有四间房屋。2021年1月1日，宗明与城镇居民宋平签订《房屋买卖合同》，合同主要约定："（1）被转让的房屋位于宗家村。（2）房屋总价款20万元，付款方式：双方签订合同时，宋平交宗明定金2万元，剩余房款在2021年1月20日一次结清。（3）宋平交定金后，宗明不卖此房，须双倍赔偿宋平，宋平不买此房，宗明不退定金，全款付清后，双方不得反悔。（4）宋平付齐全款后，宗明必须配合宋平变更和房屋有关的手续。"后宋平按照合同约定于2021年1月20日付清了房款，当天宗明将房屋交付给宋平使用。

宋平于2021年3月对该处宅基地上的房屋进行了翻建。2021年4月27日，宗家村村委会出具证明一份，证明位于宗家村的宗明的房屋已于2021年1月转让给宋平，并附有《房屋买卖合同》及集体土地建设用地使用证。

① 北京市延庆区人民法院审判管理办公室（研究室）法官助理。

2021年12月10日，宗明以房屋买卖合同纠纷为由具状起诉，请求法院确认合同无效，并要求宋平恢复宅基地原状，腾退房屋，赔偿损失。庭审中，宋平称其已将房屋以50万元的价格卖给本村集体经济组织成员宗二，并于2021年11月2日与宗二签订了《房屋买卖合同》，约定："（1）宋平自愿将坐落在宗家村的宅院出卖。（2）上述房屋及附属物总价款为50万元。（3）宗二在签订合同时一次性付清全部房款。（4）房产手续等有关事项，宋平协助办理。（5）房屋居住权、买卖权、出租转让权归宗二所有。（6）房屋如有产权或其他纠纷，双方商量解决。（7）房屋、屋里院内水电设施、树木及附属建筑物归宗二所有。（8）双方不得反悔，如有反悔需要承担经济赔偿责任。（9）双方需认真履行本合同，本合同经双方签字后生效，具有法律效力，受法律保护。（10）自即日起履行本合同内容。"

宗二称其不知道宗明与宋平之间的纠纷，已经以50万元的价格购买了争议房屋，所购房屋作为儿子的婚房备用。其在签订合同当天（2021年11月2日）给付宋平定金2万元，2021年11月22日通过银行转账付清了48万元的余款，收款方户名为宋平。宋平提交银行转账记录称其随即把收到购房款中的40万元转给女儿宋玉。当天付清款项后，宋平就把房屋钥匙给了宗二，进行了房屋交接。宗明怀疑宋平和宗二恶意串通，但未提供证据予以证明。宗明后变更其诉讼请求为请求法院确认其与宋平签订的合同无效，宋平赔偿其经济损失3万元；宋平和宗二承担对宅基地恢复原状、腾退房屋的责任。

法院判决驳回宗明的全部诉讼请求。

法理分析

一、农村房屋连环买卖过程中主张存在恶意串通情形的处理

恶意串通，是当事人为实现某种目的，进行串通，共同实施民事法律行为，造成国家、集体或者第三人利益损害的违法行为。恶意串通民事行为一般包含三个构成要件：一是当事人在主观上具有恶意，当事人相互之间具有

共同的非法目的。二是当事人之间相互串通。串通是指相互串联，使得当事人在动机、目的、行为以及行为结果上达成一致，共同实现非法目的。三是双方当事人串通实施的行为损害他人的合法权益。恶意串通的民事法律行为是绝对无效的法律行为，发生民事法律行为无效的法律后果。

本案中，宗明怀疑宋平与宗二之间存在恶意串通的情形，但并未提供相应证据证实宋平将房屋转让给宗二是虚假的，宋平收房后对原有房屋进行翻建，原有房屋已经灭失，后来宋平将翻建房屋卖给本村集体经济组织成员宗二，房屋的价格合理，宗二以定金和尾款的方式分批交付房款不违常理，在购房款未付清之前宋平不交付房屋，亦不违反法律规定。后宗二付清房款，宋平也完成了房屋的交付。从上述分析可知，宋平与宗二签订的《房屋买卖合同》形式完备、合同的主要条款齐全且合同内容已完全履行，在宗明缺乏充分有力的证据证明合同是虚假的，双方的买卖行为存在恶意串通的情况下，应认定该房屋买卖合同是宋平、宗二的真实意思表示，不存在恶意串通情形。由此可见，对恶意串通的行为，应分析当事人是否具有主观恶意，并结合订立合同时的具体情况、合同约定内容及合同履行情况来综合判断。

二、审查农村房屋连环买卖后手合同履行的重点环节

民事活动应遵循等价有偿、诚实信用原则，依法成立的合同具有法律约束力。善意取得，是指受让人以财产所有权转移为目的，善意、对价受让且占有该财产，即使出让人无转移所有权的权利，受让人仍取得其所有权。善意取得包括三个构成要件：一是受让人受让该不动产或者动产时是善意；二是以合理的价格转让；三是转让的不动产或者动产依照法律规定应当登记的已经登记，不需要登记的已经交付给受让人。三个要件必须同时具备，才能构成善意取得。善意取得作为一项重要的民事法律制度，其目的在于保护交易的公信力，保障交易安全，鼓励交易，维护商品交易的正常秩序，促进市场经济有序发展，保护交易当事人的信赖利益和交易安全，从而有利于交易者安心交易，有利于市场经济健康发展。

本案中，后一手买卖合同的买受人能否取得房屋权利，应当依据善意取得的规定进行判断。案件中并无证据证明宗二购房为恶意，其也支付了合理对价，且在付清房屋尾款后，双方完成了房屋交付，因此应当认定宗二取得房屋为善意。且本案现存证据显示不存在欺诈、胁迫、乘人之危、重大误解或显失公平等足以导致合同被撤销、认定无效等法定情形，合同双方当事人均应依照合同内容忠实履行各自的义务。

三、农村房屋连环买卖合同效力的综合认定

认定农村房屋买卖合同无效的根本原因在于该买卖行为可能导致农村房屋所占宅基地流转出原农村集体经济组织，而损害本集体经济组织其他成员的社会保障和社会福利权益。例如，根据《土地管理法》规定，宅基地属于农民集体所有，由村集体经济组织或者村民委员会经营、管理。农村房屋系本村集体经济组织成员基于特定身份，无偿从本集体经济组织取得宅基地后建造的房屋，具有社会福利性质，目的是保障本村村民的基本居住需求；该房屋附着在宅基地上，与宅基地具有不可分离性，在“房地一体”的格局下，买卖农村房屋必然涉及农村宅基地使用。国务院办公厅1999年发布的《关于加强土地转让管理严禁炒卖土地的通知》规定：“农民的住宅不得向城市居民出售，也不得批准城市居民占用农民集体土地建住宅，有关部门不得为违法建造和购买的住宅发放土地使用证和房产证。”原国家土地管理局《关于以其他形式非法转让土地的具体应用问题请示的答复》（〔1990〕国土函字第97号）规定，原宅基地使用者未经依法批准通过他人出资翻建房屋，给出资者使用，并从中牟利或获取房屋产权，是属“以其他形式非法转让土地”的违法行为之一。国务院《关于深化改革严格土地管理的决定》第二部分第十方面“加强村镇建设用地的管理”中规定：“改革和完善宅基地审批制度，加强农村宅基地管理，禁止城镇居民在农村购置宅基地。”《国务院办公厅关于严格执行有关农村集体建设用地法律和政策的通知》（国办发〔2007〕71号）中亦指出，农村住宅用地只能分配给本村村民，城镇居民不得到农村

购买宅基地、农民住宅或“小产权房”。《最高人民法院关于为推进农村改革发展提供司法保障和法律服务的若干意见》第二部分第二方面第四条规定，依法保障农户宅基地用益物权，促进宅基地制度的严格管理与完善。宅基地使用权承载着广大农民居者有其屋的社会功能，是农村土地管理制度的重要内容。对违反法律、行政法规以及相关国家政策的宅基地转让行为，以及其他变相导致农民丧失宅基地使用权的行为，应当依法确认无效。《最高人民法院第八次全国法院民事商事审判工作会议（民事部分）纪要》规定，在国家确定的宅基地制度改革试点地区，可以按照国家政策及相关指导意见处理宅基地使用权因抵押担保、转让而产生的纠纷。在非试点地区，农民将其宅基地上的房屋出售给本集体经济组织以外的个人，该房屋买卖合同认定为无效。

如前所述，宅基地使用权是集体经济组织成员享有的权利，与特定的身份关系相联系，在“房地一体”的格局下，处分房屋的同时也处分了宅基地，损害了集体经济组织的权益，是法律法规明确禁止的，但该类合同效力可以因农村房屋权属变动方向不同而不同。房屋连环买卖中，前一手房屋买卖合同被确认无效，并不必然影响后一手房屋买卖合同的效力，应当根据后一手买卖合同是否存在其他法定无效情形予以认定。就本案而言，当事人争议的焦点在于宗明与宋平、宋平与宗二分别签订的房屋买卖合同及两个买卖行为的效力问题。结合房屋从宗明处转移至非本村集体经济组织成员宋平处，之后又从宋平处转移至村集体经济组织成员宗二处这一过程分析，鉴于房屋连环买卖的前因后果以及两个买卖行为的关联性，涉案宅基地重新流入了该村集体经济组织，宋平与宗二所签订的《房屋买卖合同》未侵害不特定多数村集体经济组织成员的利益，房屋最终仍属该村集体经济组织成员所有，实现了内部流转。考虑到涉案宅基地及宅基地内房屋交易的自愿性、真实性、连贯性，本着尊重历史、照顾现实的司法原则和保护善意第三人合法权益的精神，应当综合认定合同有效，驳回宗明的诉讼请求。具体理由如下：其一，宗明将争议房屋交与宋平，这一事实证实双方签订合同以及履行合同均系真实意思表示，不存在欺诈、胁迫、乘人之危、重大误解或显失公平等足以导致合同被撤销等情形。故此，应认定宗明与宋平履行该房屋买卖合同的过程是自愿的、真实的、连贯的。其二，宋平虽然不是宗家村村民，不属于宗家村集体经济组织成员，但其买房后对旧房进行了翻建和新建，故宗明主张的原有房屋已经灭失，无返还可能。后宋平与宗二签订房屋买卖合同，将其翻建后的房屋卖给宗二，因宗二具有宗家村集体经济组织成员身份和资格，故宋平将房屋卖给宗二后，涉案宅基地重新流入了宗家村集体经济组织，宋平与宗二所签订的房屋买卖合同未侵害不特定多数宗家村集体经济组织成员的利益，当属有效。

法条链接

《中华人民共和国民法典》

第七条 民事主体从事民事活动，应当遵循诚信原则，秉持诚实，恪守承诺。

第一百五十四条 行为人与相对人恶意串通，损害他人合法权益的民事法律行为无效。

第三百一十一条 无处分权人将不动产或者动产转让给受让人的，所有权人有权追回；除法律另有规定外，符合下列情形的，受让人取得该不动产或者动产的所有权：

（一）受让人受让该不动产或者动产时是善意；

（二）以合理的价格转让；

（三）转让的不动产或者动产依照法律规定应当登记的已经登记，不需要登记的已经交付给受让人。

受让人依据前款规定取得不动产或者动产的所有权的，原所有权人有权向无处分权人请求损害赔偿。

当事人善意取得其他物权的，参照适用前两款规定。

第四百六十五条 依法成立的合同，受法律保护。

依法成立的合同，仅对当事人具有法律约束力，但是法律另有规定的除外。

法官普法

现实中，随着农村人口流转、人员变动，出于各种原因，存在部分农民把自己宅基地上的房屋转卖的情况，甚至会出现农村房屋连环买卖的情况。农村房屋连环买卖大体分为三种情况：第一种情况，若买受人均为本村集体经济组织成员，在意思表示真实、未违反法律法规的强制性规定的情况下应当认定合同有效。第二种情况，最终买受人不是本村集体经济组织成员，毋庸置疑，当然认定合同无效。第三种情况，连环买卖中有一环买受人不是本村集体经济组织成员，但是房屋最终买受人为本村集体经济组织成员，这种情况下，前手房屋买卖行为的非法性已经被具有同一集体经济组织成员资格的后手买家消除，在合同均为交易当事人的真实意思表示且房屋最终流转至本村集体经济组织成员所有、未侵害村内不特定多数集体经济组织成员的利益的情况下，从维护社会主义市场交易安全和秩序、当事人合理预期的初衷出发，合同不违反法律法规的强制性规定，农村房屋买卖实现了宅基地内部流转，应当综合认定合同有效。

案例三

房子卖了以后被征收，补偿款怎么分？

——农村房屋买卖合同无效后房屋征收补偿利益的处理

南磊鑫[①]

实践中，村民将农村房屋卖给非本集体经济组织成员后，该农村房屋被征收，买方因占有使用房屋的便利条件与搬迁公司签订搬迁安置补偿协议。此时，部分村民受征收补偿利益的驱动，往往诉至法院请求确认双方之间的房屋买卖合同无效，进而主张对征收补偿利益进行处理。那么，在这种情况下，征收补偿利益应如何分配？安置房屋应如何处理？

基本案情

老李于1993年4月10日取得安康村院落一处，宅基地使用权登记于老李名下。1996年，老李与城里的老王订立房屋买卖合同，约定将院落内的房屋卖给老王。1996年11月9日，老王向老李支付购房款66000元。1997年1月14日，老李、老王经县房地产交易所签订房产卖契，同日，老王交纳契税2400元，手续费共计800元。同日，老王将户口迁到了安康村诉争院落，但其户别为非农业家庭户。

2017年9月9日，搬迁公司（搬迁人，甲方）与老王（被搬迁人，乙方）签订《房屋搬迁补偿协议》，约定对诉争房屋进行拆除。协议内容为："一、乙方宅基地面积为197.1平方米，乙方被征收房屋总建筑面积为197.1平方米。二、征收补偿费：乙方宅基地区位补偿价788400元，房屋重置成新补偿价157668元；装修、设备及附属物补偿价68974元，合计1015042元。三、征收补助费合计33484元。四、征收奖励费合计324535元。五、征收补偿、补

① 北京市延庆区人民法院民事审判一庭（环境资源审判庭）法官助理。

助及奖励款总计1373061元。”后双方又签订补充协议一份，内容为：根据甲、乙双方签订的《房屋搬迁补偿协议》和2017年9月12日签订的《优惠购房意向书》，认定宅基地面积为197.1平方米，实际优惠购房面积为197平方米。2018年2月1日，征收补偿款发放到老王名下的账户中。

2017年10月20日，老李曾起诉至法院，要求：（1）确认老李、老王之间买卖宅基地及房产的房产卖契无效；（2）判决老王返还老李安康村诉争宅基地及房产征收补偿款1373061元和197平方米优惠购房面积。

法院经审理认为，老李、老王之间的房屋买卖合同，违反了有关法律规定，应属无效。关于宅基地的区位补偿部分，老李应当按照其过错程度赔偿老王信赖利益损失，宅基地区位补偿的百分之七十归老王，百分之三十归老李；房屋重置成新补偿及装修、设备、附属物的补偿归老王所有；搬迁奖励费的补偿归老王所有；关于回购房安置的补偿利益，由于回购房最终面积、位置均不能确定，不便对该项利益的分配在本案中予以处理。

法院于2018年4月8日作出判决，判决老李与老王签订的关于安康村诉争院落的房屋买卖合同无效；老王于判决生效后十日内返还老李关于安康村诉争院落宅基地的区位补偿利益236520元；驳回老李的其他诉讼请求。老王不服该判决，上诉至中级人民法院，中级人民法院判决驳回上诉，维持原判。

2020年11月20日，老李与搬迁公司签订两份《安置房买卖合同》，合同约定搬迁公司将A号房屋出售给老李，房屋总价款为381300元；将B号房屋出售给老李，房屋总价款为540500元。当日老李将上述房款支付给搬迁公司。2020年12月23日，老李支付两套房屋2021年度物业费、产权证代办费、工本费、印花税；现搬迁公司已将上述两套房屋交付给老李。2021年4月18日，老李与搬迁公司签订两份《地下储藏室使用协议》，搬迁公司无偿给付老李两间地下储藏室，老李对上述地下储藏室享有使用权。

根据相关政策，诉争房屋弃购补偿标准为每平方米21000元。双方均不申请对诉争房屋市场价格进行评估。

搬迁公司已按197平方米、每平方米30元标准支付老王44个月的租房补贴。现搬迁公司尚有2个月租房补贴未支付。

2021年5月，老王诉至法院，请求对安置房及相关补贴进行分割。

一审法院判决：B号房屋归老王所有，老李不得破坏该房屋室内的原有结构及装修，将该房屋交付老王，待具备不动产登记条件后，老李协助老王办理上述房屋产权登记手续，登记至老王名下（判决生效后七日内执行）；B号房屋对应的地下储藏室归老王使用，老李将该地下储藏室交付老王（判决生效后七日内执行）；老王给付老李租金补贴、购房款、产权代办费用等共计138197元（判决生效后七日内执行）；驳回老王的其他诉讼请求。后老李提起上诉，二审法院判决驳回上诉，维持原判。

法理分析

这里先帮读者朋友们梳理一下当事人之间的法律关系（见图3）。

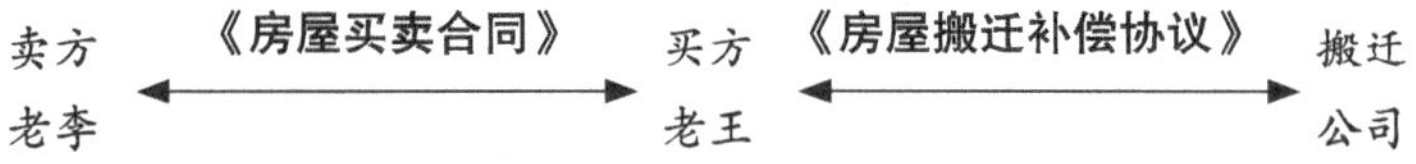

图3　当事人法律关系示意图

老李在将自家房屋卖给非本村的老王后，房屋被征收，老李遂起诉请求确认双方签订的《房屋买卖合同》无效，进而要求老王返还其与搬迁公司签订《房屋搬迁补偿协议》所取得的征收补偿利益，这是一种常见的诉讼思路，可以一并解决合同无效及合同无效的后果两个问题。而实践中有不少卖方认为搬迁公司应当与自己签订搬迁补偿协议，于是第一步主张自己与买方之间的房屋买卖合同无效，第二步再依据房屋买卖合同无效的事实，主张买方与搬迁公司签订的协议无效。这种方法可行吗？

一、搬迁补偿协议的效力

实践中，搬迁公司并不具备对被征收房屋的所有权进行产权界定的职能，搬迁补偿协议签订的一般流程包括：首先，由村集体经济组织根据当事人提交的证据进行形式审查认定被征收人；其次，对被征收人名单进行公示；最后，公示期满后搬迁公司与被征收人签订协议。因此，在买方与卖方之间的《房屋买卖合同》无效的情况下，搬迁公司与买方签订的搬迁补偿协议不一定无效。

对搬迁补偿协议效力的认定，应严格按照《民法典》第一百四十三条、第一百五十四条的规定进行审查，判断是否存在“违反法律、行政法规的强制性规定”“恶意串通，损害他人合法权益”等情况，被征收人仅以自己应当是被征收人或协议违反具体征补政策为由主张协议无效的，不予支持。因此，在买方与卖方之间的房屋买卖合同已被确认无效且搬迁公司与买方签订搬迁补偿协议的情况下，一般的诉讼思路是以民事主体间房屋拆迁补偿合同纠纷为案由起诉，主张对征收补偿利益进行分割。

二、搬迁补偿协议的主要内容

为了让读者朋友们对搬迁补偿协议有更深入的了解，在此对搬迁补偿协议中各项补偿补助项目进行讲解。北京市范围内的宅基地拆迁安置补偿大致分为三类：一是纯置换房屋，二是纯货币补偿，三是货币补偿加优惠购买安置房指标。而搬迁补偿协议中的货币补偿一般包括征收补偿款和征收补助费两部分。

2003年北京市国土资源和房屋管理局制定了《北京市宅基地房屋拆迁补偿规则》，对宅基地上房屋征收补偿款的构成予以规定，“房屋拆迁补偿价，由宅基地区位补偿价、被拆迁房屋重置成新价构成；计算公式为：房屋拆迁补偿价=宅基地区位补偿价 × 宅基地面积+被拆迁房屋重置成新价”。

征收补偿款是就拆除房屋的补偿，一般包括区位补偿价款、房屋重置成新价、附属物、有效宅基地面积超过可置换安置房建筑面积的货币补偿款以及空调移机费、电话费、有线电视撤装费等费用。区位补偿款是针对宅基地的补偿，是指被征收范围内平均土地使用价值。房屋重置成新价是针对房屋的补偿，是指用估价时点的建筑材料和建筑技术，按估价时点的价格水平，重新建造与估价对象具有同等功能效用，并且在相同成新状态下的建筑物正常价格。

征收补助费是征收人为了能尽快完成征迁项目、弥补因征迁周转等给被征收人或者被安置人造成的实际损失而支出的费用，其包括的项目因不同地区征收补偿政策不同，所涉及的项目略有不同，一般包括：搬家补助费、出租房屋补助费（周转费）、节约土地奖、提前搬家奖励费、工程配合奖励费、应批未批宅基地补助费、贫困补助、老年人补助费、未成年人补助费等项目。

三、征收补偿利益的分割

北京法院会议纪要认为，在合同无效的原因方面，出卖人负有主要责任，买受人负有次要责任；在合同无效的处理上，应全面考虑出卖人因土地升值或征收、补偿所获利益，以及买受人因房屋现值和原买卖价格的差异造成损失两方面因素，平衡买卖双方的利益，避免认定合同无效造成当事人利益失衡；对于买受人已经翻建、扩建房屋的，应对其添附价值进行合理补偿；买受人确实无房居住的，应予以妥善安置。

以往，北京法院对征收补偿利益的分割采取以下做法：明确将征收补偿利益区分为重置成新价、区位补偿价及安置利益，对三种利益区别对待，重置成新价百分之百归买房人，区位补偿价百分之七十归买房人，百分之三十归卖房人（此处的区位补偿价指实际应得的款项），将安置利益全部判归卖房人，搬家费、移机费等根据款项的实际内容确定归属，购房款不再返还。本案中，法院在房屋未交付前的判决中就采取了此种做法，判决宅基地区位补偿的百分之七十归老王，百分之三十归老李；房屋重置成新补偿及装修、设备、附属物的补偿归老王所有；搬迁奖励费的补偿归老王所有。

而当前，北京法院关于征收补偿利益分配，广泛认同的成熟做法为：出卖人可获得百分之三十的利益，买受人可获取百分之七十的利益。即对各项补偿不再作出区分，一律按照三七开的比例进行分割。

本案中，老李与老王之间关于安康村房屋的《房屋买卖合同》已被确认无效。合同无效后，出卖人应对买受人享有的信赖利益进行赔偿。对于宅基地区位补偿款，法院已按双方的过错程度按三七开的比例在老李、老王之间进行分配，回购房利益属于老王信赖利益的一部分，该利益同样应在老李、老王之间按照双方的过错程度进行分配。

老王作为征收前房屋的实际使用人，其居住问题应得到保障，涉案的两套回购房应在老李、老王之间进行分配，一审法院酌定B号房屋由老王所有，A号房屋归老李所有。关于涉案房屋的地下储藏室，B号房屋对应的地下储藏室应归老王使用，A号房屋对应的储藏室归老李使用。为减少双方诉累，对于因回购房交付产生的相关费用问题，法院予以一并处理。经核算，应由老王补偿老李138197元。

二审法院认为，老李与老王之间的《房屋买卖合同》已被确认无效。合同无效后，出卖人应对买受人享有的信赖利益进行赔偿。对于宅基地区位补偿款，法院已按双方的过错程度按三七开的比例在老李、老王之间进行分配，回购房利益属于老王信赖利益的一部分，该利益同样应在老李、老王之间按照双方的过错程度进行分配。老王作为征收前房屋的实际使用人，其居住问题应得到保障，涉案的两套回购房应在老李、老王之间进行分配。一审法院有关B号房屋及对应的地下储藏室归老王所有，老王给付老李租金补贴、购房款、产权代办费等处理，并无不当，故对老李的上诉予以驳回。

四、安置房未交付时的分割

当事人要求对尚未交付的征收安置住房进行确权、分割的，因该安置房尚未交付，其面积、位置、价格等尚未最终认定，法院不予支持。当事人要求对已交付但尚未办理权属登记的征收安置住房进行确权、分割的，法院应当进行处理。上述案例中，在老李第一次诉至法院请求确认房屋买卖合同无效时，法院未对安置房利益进行处理，就是因为安置房尚未交付，其面积、位置、价格等尚未最终认定。

法条链接

《中华人民共和国民法典》

第一百五十七条 民事法律行为无效、被撤销或者确定不发生效力后，行为人因该行为取得的财产，应当予以返还；不能返还或者没有必要返还的，应当折价补偿。有过错的一方应当赔偿对方由此所受到的损失；各方都有过错的，应当各自承担相应的责任。法律另有规定的，依照其规定。

法官普法

农村房屋买卖后，若买卖房屋被征收，而农村房屋买卖合同被认定为无效，此时，考虑到对于合同无效的原因，出卖人负有主要责任，买受人负有次要责任，因此，在征收补偿利益的分割上，一般出卖人获得百分之三十的利益，买受人获取百分之七十的利益。

案例四

农村房屋买卖合同无效后，有哪些处理方式？

——农村房屋价值确定问题

康晶①

农村房屋买卖在二十世纪九十年代时有发生，但宅基地使用权作为农村集体经济组织成员享有的权利，与特定的身份相联系，非本集体经济组织成员无权取得或变相取得。随着农村土地大幅增值，房屋价值与买卖时的原价格产生巨大差异，故卖方诉至法院要求确认合同无效的案件越来越多，这就需要考虑合同无效后，如何确定双方的责任比例以及如何对损失进行认定。

基本案情

小王与小李本是同窗好友，毕业后，因小李结婚需要住房，小王老家正好有一处宅院，便将房屋卖给小李。双方为此签订农村房屋买卖合同，约定小王将其位于某村的北房及东西厢房十间全部卖给小李。2018年，随着房价的大幅上涨，小王觉得自己吃了大亏，故将小李诉至法院，要求确认上述农村房屋买卖合同无效并要求小李腾退房屋。法院审理认为，小李并非该村集体经济组织成员，故判决确认双方签订的农村房屋买卖合同无效。因该次判决并未对合同无效后小李的损失进行处理，故小李又将小王诉至法院。

该案审理中，双方就具体损失费用发生争议，小李认为，当初其在购买房屋时花费购房款23000元，居住期间又对房屋进行修缮、装修，再加上二十年的房屋土地增值，现在小王违背诚信原则，确认房屋买卖合同无效，给其造成巨大损失，故要求小王赔偿其各项费用共55万元。

---

① 北京市延庆区人民法院审判管理办公室（研究室）法官助理。

小李就涉案房屋的区位补偿价及房屋修缮、院内附属设施等损失数额向法院申请评估鉴定。经法院摇号，确认由某评估公司作为鉴定机构，后该评估公司作出《房地产估价报告》，其估价意见为涉案房屋宅基地面积285.36平方米、房屋面积144.84平方米、区位补偿价552360元、房屋重置成新价144632元、附属设施重置成新价45467元，合计742459元。该份估价报告还对以下内容作出具体描述："……根据当事人提供的《农村建房申请表》，申请人申请估价房屋为翻建3间、扩建1间，占地亩数为0.25亩，折合占地面积为166.67平方米。委托人和当事人均未提供集体土地建设用地使用证及宅基地批示文件……经估价人员实地查勘，目前估价对象院落房屋与《农村建房申请表》文件所载房屋不符，经与双方确认，本次评估按现状房屋进行登记测量，经现场实测房屋总建筑面积为144.84平方米……根据估价委托人要求现场对宅基地面积进行实地测量，实测宅基地面积为285.36平方米。根据估价委托人要求，本次评估实测宅基地面积及房屋建筑面积作为本次评估依据。上述内容在评估人员现场踏勘时得到了到场当事人的认可，并进行了签字确认。"此外，根据评估报告及法庭询问，双方对附属设施中的虎皮石墙应否作为附属设施进行评估，柏油路是否原告自行铺设，以及香椿树的测量数据存在争议。评估报告未就争议项作出单独价格评估。

一审法院认为，双方对合同的无效均有过错，小王作为农村房屋的出卖人应承担百分之七十的过错责任，小李承担百分之三十的过错责任。关于损失赔偿总额的计算标准，参照《房地产估价报告》并结合实际酌情予以考虑；同时考虑到涉案村落搬迁系因属于自然灾害易发及生存条件恶劣地区，综合生效判例时间点与本案时间点不同导致的院落房屋增值等因素。综上，一审法院确认小王给付小李房屋、附属设施重置成新价133069元，小李给付小王的购房款23000元已经折抵为本案中的房屋及附属设施重置成新价，小王给付小李信赖利益损失269371元，以上共计402440元。小李因不服一审判决，上诉至中级人民法院。二审法院认为，一审判决处理结果并无不当，判决驳回上诉，维持原判。

法理分析

随着城镇化进程的加速推进，大量城郊农村房屋被征收或者即将被征收，农村土地大幅增值是客观事实。而在土地增值的背景下，房屋价值与买卖时的原价格产生巨大差异，部分农村房屋的出卖人认为自身遭受了巨额经济损失，在利益驱使之下，将买受人诉至法院，要求确认双方的农村房屋买卖合同无效，并要求买受人返还房屋。本案中，小王与小李签订的农村房屋买卖合同涉及相应宅基地使用权的变更，小李在购房时不是诉争房屋所在地集体经济组织成员，不享有相应的宅基地使用权。双方签订的合同违反了法律的强制性规定，应为无效。

一、农村房屋买卖合同无效后的处理方式

根据《民法典》第一百五十七条之规定，农村房屋买卖合同被确认无效后，买受人应当将其购买的房屋返还出卖人，而出卖人应当将购房款返还买受人。因腾退、返还宅院及房屋等产生的损失赔偿问题，应当根据双方各自的过错承担相应的赔偿责任。实践中，农村房屋买卖合同被确认无效后，为平衡买卖双方的利益，会全面考虑造成合同无效后果的原因以及合同无效后利益的分配问题。特别是出卖人因土地增值、拆迁、补偿等所获的利益，以及买受人因房屋现值和原购买价值之间的差异产生的损失。对于买受人通过翻建、扩建、装修房屋导致房屋的增值部分，还需对该部分投入进行补偿。另外，判决返还、腾退房屋的同时一般应妥善安置房屋买受人，为其留出合理的腾退时间，避免腾退房屋给当事人带来消极影响。

二、双方过错程度及双方责任承担

合同无效后的处理，涉及对双方过错程度及损失赔偿责任的认定。实践中，北京地区关于征收补偿利益分配，广泛认同的成熟做法为：出卖人可

获得百分之三十的利益，买受人可获得百分之七十的利益。具体到本案，因小王对外转让房屋及宅基地违反我国法律、行政法规的禁止性规定，在小李占有使用房屋多年后，又以出售房屋违法为由主张合同无效，故其对合同无效应承担主要责任，法院确定小王承担百分之七十的责任；而小李系城镇户口，未经主管部门批准，违反相关法律规定擅自购买农村宅院及房屋，亦应对合同无效承担相应责任，故法院确定小李承担百分之三十的责任。责任划分完毕后，基于农村房屋买卖合同无效之法律后果的处理原则，小王应参照评估结果给付小李房屋重置成新价、附属物价值等，并赔偿信赖利益损失。信赖利益损失，可包括间接损失的主张，具体到农村房屋买卖合同中，则指合同无效必然导致买受人丧失与他人订立合同的机会，进而导致其无法享有因房屋价格上涨带来的增值利益。本案中，小李因合同无效所遭受的信赖利益损失，主要体现为其今后本可以获得的涉案宅院的土地区位补偿款。

三、损失如何进行认定？

前文已经分析，农村房屋买卖合同无效后应评估的价值包括重置成新价、附属设施重置成新价及区位补偿价。那么，买卖合同被认定无效后如何确定相关价值呢？此时需要视情况而定，如果案件审理时已经完成征收补偿评估，那么就按照实际评估的价值确定。如果房屋尚未列入征收补偿范围，因上述价值判断的专业性，法院一般会根据当事人申请通过摇号方式确定有资质的评估机构对具体价值进行评估。农村宅基地作为集体用地，目前政策条件尚不允许上市交易，没有可依据的合法市场价值，故评估依据一般为集体土地征收补偿政策相关规定，并以其可能实现的区位补偿为参照确认宅基地区位补偿价。以北京为例，评估公司在评估农村房屋价值时参照的文件主要有《北京市集体土地房屋拆迁管理办法》《北京市宅基地房屋拆迁补偿规则》等规定，同时参照当地的房屋征收补偿安置办法及建筑市场行情，并结合估价对象的实际情况，对估价对象的宅基地区位补偿价及宅基地内房屋、装修、附属设施重置成新价进行评估。如果涉案宅基地所在地区无宅基地参考价格导致无法评估，评估机构可能会参考距离最近的宅基地价格进行评估，然后综合考虑涉案宅基地与参考地的距离、两地同类房屋或土地的价格比等因素，酌情确定。本案中，小王参照评估结果给付小李房屋的房屋重置成新价基本上是对地上物的一种补偿，本案房屋存在翻新、改建情况，故应对出资人的此部分补偿款予以倾斜性补偿。评估结果中的区位补偿价一般是指宅基地本身的价值，区位补偿价公式为：区位补偿价单价=基准地价 ×K（容积率修正系数）+基准房价。综上可以看出，如果地上无房，就只有基准地价 × 容积率修正系数作为区位补偿单价，再乘以土地面积得出区位补偿总价，说明房屋的现状对于区位补偿价确实有一定影响。若房屋经过修缮、扩建后价格升高，会直接导致区位补偿价的提升。但同时必须指出的是，地价在区位补偿价中具有决定性的因素，其价值往往高于房价，而且若盖房过多，也会导致现状容积率修正系数降低，同样影响区位补偿价。

另外，当事人双方应当妥善保管申请评估鉴定所依据的原始物权证明，即集体土地建设用地使用证或者行政机关关于宅基地使用权的批准文件。评估机构在对房屋进行价值评估时一般会依据物权证明上所载的面积进行价格计算，如果无法提供上述证明，那么当事人自身的权利可能会无法得到有效保护。本案中，小王并未提供集体土地建设用地使用证，评估机构在现场将法院委托函要求以实测面积为依据测量宅基地的情况进行了告知，当事人均同意并签字；虽然小王不认可以实测面积测量并计算区位补偿价，但是并未提供相反证据，故法院最后还是采信了评估机构的评估报告。

法条链接

《中华人民共和国土地管理法》

第九条 城市市区的土地属于国家所有。

农村和城市郊区的土地，除由法律规定属于国家所有的以外，属于农民集体所有；宅基地和自留地、自留山，属于农民集体所有。

法官普法

《国务院办公厅关于严格执行有关农村集体建设用地法律和政策的通知》（国办发〔2007〕71号）规定，农村住宅用地只能分配给本村村民，城镇居民不得到农村购买宅基地、农民住宅或“小产权房”。根据上述规定，宅基地使用权作为农村集体经济组织成员享有的权利，与特定的身份相联系，非本集体经济组织成员无权取得或变相取得。如果买卖合同的标的物为农村房屋，农村房屋是建筑在宅基地上的附着物，从我国目前“房地一体”的格局来看，双方房屋买卖的同时必然涉及宅基地使用权的问题。而宅基地属于农民集体所有，由村集体经济组织或村民委员会经营、管理，与特定的身份关系相联系，不允许任意向非集体经济组织成员转让。因此，在买卖农村房屋时应尽量避免出售或购买非同一集体经济组织成员的房屋，否则，可能面临农村房屋买卖合同被确认无效的尴尬局面。

案例五

买卖违建的农村房屋会面临什么结果?

——房屋被认定为违建后的处理

吴欢[1]

随着农村地区经济的蓬勃发展，房屋建设越来越成为人们关心的话题。大批农村房屋建设起来，其中部分房屋因为缺乏必要的审批手续被相关部门认定为违法建筑。若所购房屋被认定为违法建筑，会面临怎样的后果?不知情的购房者又应当采取什么措施来救济自己的合法权益?法院面对买卖双方又会如何裁决?

基本案情

1997年12月22日，发财公司与和谐村合作社签订《租赁土地协议书》，约定和谐村合作社将村南轮荒地1245平方米租赁给发财公司。租赁时间自1997年12月22日起至2047年12月21日止。

2013年9月11日，发财公司法人李发财就上述租赁土地与郭某签订《租赁土地转让协议书》，内容为："今有李发财代表发财公司将其租用的和谐村经济合作社的村南轮荒地1245平方米，转让给郭某使用，转让期限为剩余的35年，一次性租金45万元。自本协议签署之后，关于该地的使用权全部归属郭某，李发财不得干涉，以后该地发生任何事情与李发财无责。"郭某承租上述土地后，于2014年自行在该土地上建设房屋，并办理北京市某农家餐厅营业执照。

2018年7月15日，郭某将上述房屋卖与贾某并签订《不动产转让协议书》，内容为："……现经过双方协商，郭某自愿将该土地上的不动产所有

① 北京市延庆区人民法院沈家营人民法庭法官助理。

权、该土地剩余年限的使用权以及自行建造的房产（含所有装修、装潢、设施、设备）转让给贾某，转让价格490万元。”协议签订后，郭某将发财公司与和谐村合作社的《租赁土地协议书》，郭某与发财公司签订的《租赁土地转让协议书》一并交付贾某，发财公司与和谐村合作社《租赁土地协议书》的相关权利、义务，由贾某继续遵守和履行。合同落款处甲方有郭某的签字。

合同签订后，贾某按照合同约定向郭某支付购房款490万元。贾某购买涉案房屋后，对房屋进行了装修。

2021年5月25日，某镇政府向贾某出具《限期拆除决定书》，内容为：“2021年4月12日，某镇政府执法人员在检查中发现，你有违法建设行为，遂予以立案调查。经查，你在和谐村公园南侧购买的一处建筑面积为1023.75平方米的砖混结构带地下室的四合院房屋，经规划自然资源部门协查复函证明，未取得乡村建设规划许可证、临时乡村建设规划许可证等规划文件，属违法建设……”2021年5月29日，某镇政府再次向贾某出具《强制拆除决定书》，内容为：“……本行政机关决定：依法对你在和谐村公园南侧购买的一处建筑面积为1023.75平方米的砖混结构带地下室的四合院房屋进行强制拆除，拆除时间为2021年5月31日15时……”最终贾某购买的涉案房屋于2021年5月31日被强制拆除。

案件审理过程中，贾某主张涉案土地系违法建设，未经过审批，现已被强制拆除，故其与郭某签订的《不动产转让协议书》应属无效合同。郭某则辩称签订协议时涉案房屋未被认定为违建，并提交了某镇政府、和谐村村委会为其出具的《证明》、存档于区市场监督管理局由某镇政府出具的《经营场所证明》，并主张该协议违反的是管理性强制性规范，并不必然导致合同无效。

法院经审理，判决确认贾某与郭某于2018年7月15日签订的《不动产转让协议书》无效；郭某于判决生效后七日内返还贾某购房款490万元；驳回贾某的其他诉讼请求。

法理分析

一、违建房屋的认定及建房的注意事项

当前，国家正在加大对农村违建房屋的清理整治力度，旨在保护耕地和保障农村土地资源得到合理使用。那么，在农村建房，哪些情况会被认定为违建呢？

（1）占用耕地建房。《土地管理法》第三十七条第二款规定，禁止占用耕地建窑、建坟或者擅自在耕地上建房、挖砂、采石、采矿、取土等。由此可知，耕地上是不可以建房的。建在耕地上的房屋属于违建，一经查处极有可能被强制拆除。

（2）未获得主管部门批准建造房屋。《城乡规划法》第六十五条规定，在乡、村庄规划区内未依法取得乡村建设规划许可证或者未按照乡村建设规划许可证的规定进行建设的，由乡、镇人民政府责令停止建设、限期改正；逾期不改正的，可以拆除。

（3）超占、多占面积修建房屋。农村严格执行“一户一宅”政策，同时要求村民在建房过程中，严格按照审批的宅基地面积进行建房，不得出现超占、多占宅基地建房等行为。

另外，建房人在建房时应严格依照以下程序：（1）向户口所在地村民委员会提出申请；（2）村民委员会征求村民小组意见后，报送乡（镇）人民政府；（3）乡（镇）人民政府接到申请后，对申请人是否符合规划等进行审核，符合条件的核发《建设工程规划许可证》或《乡村建设规划许可证》，完成上述审批流程后方可开工。

二、买卖违建房屋对合同效力的影响

《民法典》出台之前，原《合同法》第五十二条明确规定了合同无效的具体情形。《民法典》出台后，在其第一百四十三条规定了民事法律行为有

效需要具备的三要素，即行为人具有相应的民事行为能力；意思表示真实；不违反法律、行政法规的强制性规定，不违背公序良俗。在购买的农村房屋被认定为违建的情形下，买卖双方签订的房屋买卖合同因违反了法律法规的强制性规定而被认定为无效。

本案中，郭某在承租涉案土地后，未取得房屋建设规划许可证及相应审批手续即自行建设房屋，所占土地亦未取得乡村建设规划许可证、临时乡村建设规划许可证等规划文件，现有关部门已将该房屋确定为违法建筑并强制拆除。双方所签的《不动产转让协议书》显然违反了我国《土地管理法》及《民法典》的相关规定，应属无效合同。

三、合同因违建被认定为无效后，买卖双方将面临的法律后果

《民法典》第五百六十六条第一款规定，合同解除后，尚未履行的，终止履行；已经履行的，根据履行情况和合同性质，当事人可以请求恢复原状或者采取其他补救措施，并有权请求赔偿损失。实际上，合同不成立、无效或被撤销，只是不发生当事人所预期的法律效力，但并非不产生任何法律效果；相反，相关合同当事人应承担相应的法律后果，如返还财产、承担缔约过失责任、接受行政处罚等。

本案中，郭某系合同相对方，且贾某系将购房款直接支付给郭某，故郭某应按照相关法律规定将所取得的款项返还贾某，由于涉案违建房屋已被拆除，故已不存在相应的房屋返还问题。除此之外，需要根据案件实际情况分析买卖双方应否承担相应的合同缔约过失责任。所谓合同缔约过失责任，是指合同不成立、无效、被撤销或者不被追认时，当事人一方因此受有损失，对方当事人对此有过错时应赔偿受害人的损失。本案的关键之处在于双方当事人是否存在过错，是否造成相应损失。对此可从两个方面进行分析：

一方面，郭某对于涉案房屋未取得有关部门审批，所占土地亦未取得乡村建设规划许可证、临时乡村建设规划许可证之重要事实应属明知，却依旧将其出售，违反了诚实信用的合同义务；另一方面，作为购房人的贾某对

于涉案房屋权属及其合法性亦未审慎注意，双方均存在相应过错。同时，房屋买卖合同双方均具有相应的损失，贾某的损失主要是为履行该合同而产生的相应合理支出，郭某的损失则主要是违建房屋被拆除后的建筑成本。但是造成涉案房屋被政府强拆的直接原因是该房屋在性质上属违法建筑，在建筑时间上，该房屋建造在先，双方签订合同在后，违建房屋是先建成后再行出售，并非双方合作建造，贾某是否购买涉案房屋对于违建房屋被拆事件并无影响。在此种情形下，涉案房屋被拆除与贾某过错程度无关联，故郭某对于房屋被拆除无法返还所导致的建筑成本损失，应自行承担。贾某因未尽到审慎义务，明知涉案房屋手续不全而购买并自行出资装修，该项房屋装修损失的责任不能归责于郭某，故贾某对该项损失亦应自行承担。

四、不知情买受人购买违建房屋后的权利救济

房屋因违建被相关部门强制拆除后，花费大笔购房款的买受人处于“房财两空”的窘迫境地。此时买受人可以通过主张合同无效进而要求违建房屋出卖人返还购房款。除此之外，买受人是否可以要求出卖人以购房款总额为基数按照银行相应利率支付买房期间的利息呢？对此，《全国法院民商事审判工作会议纪要》给出了答案，明确指出“双务合同不成立、无效或者被撤销时，标的物返还与价款返还互为对待给付，双方应当同时返还。关于应否支付利息问题，只要一方对标的物有使用情形的，一般应当支付使用费，该费用可与占有价款一方应当支付的资金占用费相互抵销，故在一方返还原物前，另一方仅须支付本金，而无须支付利息”。由此可知，如果买房人对购买的违建房屋有实际占有使用的事实，则卖房人无须向买房人支付购房款的相应利息，同时卖房人主张的违建房屋占有使用费买房人也无须支付，二者相互抵销。

本案中，双方合同虽属无效，但是贾某支付的购房款由郭某占有使用一定期间，客观上贾某产生了资金占有使用损失，贾某则将其主张为银行相关标准的贷款利息；但同时鉴于涉案房屋已实际交付贾某使用，该房屋虽属违

建，但并不影响贾某占有期间的合理使用，且贾某已将其装修后出租使用，故贾某亦应支付房屋占有使用费。结合涉案房屋的位置、面积、使用时间、租金价格等相关因素综合考量，法院认定贾某支付购房款产生的资金占有使用损失与房屋占有使用费相当，互相抵销。

法条链接

《中华人民共和国民法典》

第一百四十三条 具备下列条件的民事法律行为有效：

（一）行为人具有相应的民事行为能力；

（二）意思表示真实；

（三）不违反法律、行政法规的强制性规定，不违背公序良俗。

第五百条 当事人在订立合同过程中有下列情形之一，造成对方损失的，应当承担赔偿责任：

（一）假借订立合同，恶意进行磋商；

（二）故意隐瞒与订立合同有关的重要事实或者提供虚假情况；

（三）有其他违背诚信原则的行为。

第五百六十六条第一款 合同解除后，尚未履行的，终止履行；已经履行的，根据履行情况和合同性质，当事人可以请求恢复原状或者采取其他补救措施，并有权请求赔偿损失。

法官普法

购买农村房屋时，买房人不仅需要关注自身是否具备房屋所在地集体经济组织成员身份，而且需在购房前明确所购房屋是否为违法建筑。若所购房屋系违建，可能面临房屋被拆除的风险，给买房人造成巨大的经济损失。因此，购买农村房屋之前，购房人应当审慎注意所购房屋是否经过规范的审批流程，规避购买违建房屋所引发的一系列风险。

此外，建房人在建房之前应履行相关审批手续，不可擅自建房。所建房屋被认定为违建时，建房人应当积极采取补救措施，配合相关部门开展工作，切不可置之不理。若建房人抱有侥幸心理，消极应对，最终只会面临返还购房款及违建房屋被拆除的后果。

本章小结

近年来，随着中国城镇化进程的不断推进，城乡一体化趋势不断加强，城乡协调关系趋向日益显著。目前，农民大量进城务工、在城镇居住，致使农村闲置房屋增多，城镇居民购买建设在宅基地上房屋的现象屡有发生，随之而来的农村房屋买卖合同纠纷也呈上升趋势，结合本章的介绍，现就农村房屋买卖合同应该注意的相关法律问题总结如下：

一、出卖人将宅基地上所建房屋卖与城镇居民之前或同时，该房屋所占宅基地因征收已转为国有土地，原为农村村民身份的出卖人亦转为城镇居民的，则宅基地性质已经发生转变，可以认定买卖房屋合同有效。

二、城镇居民购买农村房屋后，如果所买卖的房屋已经过有批准权的机关批准和当地集体经济组织同意，办理了房屋所有权和宅基地使用权产权变动手续并取得合法权属证书的，可以认定买卖房屋合同有效。

三、城镇居民购买房屋后，已将其户口迁入房屋所在地，申请加入当地集体经济组织，转为农村村民身份的，可以认定买卖房屋合同有效。

四、买受人、协议签字人虽然为城镇居民身份，但其配偶或父母、子女为购买房屋所在地集体经济组织成员，且在购买房屋时系家庭成员共同出资，亦为共同居住，村集体经济组织同意其买卖合同内容的，可以依法认定为家庭共同购房，买卖房屋合同有效。

五、在1999年1月1日，新修订的《土地管理法》施行之前，农村村民将房屋转让给回乡落户的干部、职工、退伍军人以及华侨、港澳台同胞的，应认定买卖房屋合同有效。

六、对同一房屋经过多次买卖、转让的效力，可以依据最后一手买受人的身份和交易情况，结合前述处理原则进行判断认定。

七、城镇居民购买的小产权房，已经过县级以上人民政府对小产权房所在小区办理了相关征地和出让、规划、施工验收手续，补交了土地出让金、交易税费等，依法完善了商品房出售的合法化手续的，可以认定买卖房屋合同有效，由合同当事人合理承担有关土地出让金、交易税费等费用。

八、农村房屋买卖合同被确认无效后，应明确征收补偿利益区分为重置成新价、区位补偿价及安置利益，对三种利益区别对待：重置成新价百分之百归买房人；区位补偿价百分之七十归买房人，百分之三十归卖房人；将安置利益全部判归卖房人。搬家费、移机费等根据款项的实际内容确定归属。购房款将不再返还。此外，区位补偿价公式为：区位补偿价单价=基准地价 ×K（容积率修正系数）+基准房价。

九、买卖农村违法建筑的合同应为无效。

第五章

农村违建房屋

引　言

随着农村经济的快速发展和村民生活水平的不断提高，许多农村家庭开始考虑改善住宅品质，选择在原宅基地上翻建或是新建住宅。但有些村民由于对相关法律知识不了解，导致翻建或是新建的住宅被行政执法机关认定为违法建筑。本章将通过案例带大家了解农村房屋违建的具体情形以及违建房屋被强制拆除后的法律后果。

案例一

未经规划许可在设施农用地上建房是违建吗?

——涉及设施农用地上建设的违法性认定

姚一帆[①]

根据《土地利用现状分类》(GB/T 21010—2017),“设施农用地”系二级类用地,属“农用地”、非“建设用地”范畴。实践中,以北京市为例,涉及设施农用地上的建设被行政机关查处时,行政相对人经常会对涉案建筑建设于《城乡规划法》和《北京市城乡规划条例》实施之前,行政机关是否可以依照上述法律法规进行查处以及涉案建筑是否属于违建的事实认定等问题产生困惑。

基本案情

2007年,原告王某与北京市房山区某镇某村村民委员会签订《土地使用权承包合同》,合同约定王某承包土地的用途为“发展种养业用”,村委会将土地发包给王某使用,王某取得上述土地使用权后,在承包地内建有房屋,用于养殖。2013年,王某将原建筑翻建为砖混彩钢结构建筑,2016年因临近水源禁养,涉案建筑改为库房并用于对外租赁。涉案建筑所占地块土地利用现状为设施农用地。2021年3月2日,某镇政府工作人员对涉案地块进行现场检查,发现该地块上搭建的建筑物涉嫌违法建设,遂予以立案调查。经向王某和村支书制作询问笔录,该村村民委员会出具证明,证明王某未向该村提交过农业设施备案材料申请,也未在该村办理过农业设施备案。2021年3月8日,镇政府对涉案建筑进行现场调查,向区规自委分局调取涉案地块规划图、现状图,同时委托第三方测绘技术公司对建筑物进行测量。2021

① 北京市延庆区人民法院行政审判庭(综合审判庭)法官助理。

年3月12日，区规自委分局作出复函，载明经调查核实，该建筑至今未经规划行政许可。经镇政府向区农业农村局去函，区农业农村局于2021年3月16日作出复函，证明王某未办理过设施农业用地备案相关手续。2021年3月18日，镇政府作出《权利义务告知书》并向王某送达。经镇政府集体讨论决定，于2021年3月29日作出《限期拆除决定书》并向王某送达。王某不服，向法院提起诉讼，请求撤销镇政府所作的《限期拆除决定书》。经审理，一审法院认为，被诉行政行为认定事实清楚，程序合法适当，故判决驳回了原告的诉讼请求。原告不服提起上诉，二审法院经审理判决驳回上诉，维持一审判决。

法理分析

本案中，虽然涉案建筑所占地块为设施农用地，但涉案建筑位于北京市乡村规划区内。根据当时执行的《城市规划法》及《北京市城市规划条例》相关规定，全市行政区域都是“城市规划区”的范围，一切城市和农村各项建设工程、建设用地都执行统一规划，涉案建筑建设时亦应经过规划主管部门批准。《城乡规划法》及《北京市城乡规划条例》仍延续规定了规划行政许可制度。鉴于上述新旧法律规范对王某违法行为的定性相同，镇政府适用上述规范性文件对王某的建设行为进行定性并查处，适用法律正确。

对于王某关于涉案建筑属于设施农业建设的主张，参照《国土资源部、农业部关于完善设施农用地管理有关问题的通知》（2010年，现已失效）、《国土资源部、农业部关于进一步支持设施农业健康发展的通知》（2014年，现已失效）及《自然资源部、农业农村部关于设施农业用地管理有关问题的通知》（2019年）的规定，农业生产设施的建设应当具备相应的审批或备案手续。王某未提供相关手续证明其所建房屋属于农业生产设施且完成了上述审批手续，涉案建筑的违法状态一直持续。而且，王某与村委会签订的《土地使用权承包合同》中约定了承包土地的用途为“发展种养业用”，但根据王某的陈述可以看出，涉案建筑物自2016年至镇政府作出被诉《限期拆除决定书》时并未实际用于种养业，王某已经改变了土地用途。因此，镇政府认定涉案建筑属违法建设并无不当。

解答涉及设施农用地上建设的法律问题，可以从以下几个方面入手：

第一，对于设施农用地上的建设，乡镇政府是否具有查处职权？

对于设施农用地上的建设，如存在项目未经批准备案或经过批准备案后改变农业用途、违法改扩建等情形，既属非法占地行为，又属违反城乡规划行为，乡镇政府依据《城乡规划法》的规定进行查处的，人民法院予以支持。因此，对于设施农用地上的建设，若存在上述情形，乡镇政府具有查处职权。

第二，涉案建筑于《城乡规划法》和《北京市城乡规划条例》实施之前建设，行政机关适用上述法律法规规范建设行为属于法律适用错误吗？

根据建设行为发生时所执行的《城市规划法》《北京市城市规划条例》以及《北京市人民政府关于郊区城镇和农村建设规划管理的若干规定》（1991年3月10日起施行）相关规定，全市行政区域都是“城市规划区”的范围，一切城市和农村各项建设工程、建设用地都必须执行统一规划。本案中，原告进行建设时亦应经过规划主管部门批准，而原告并不能出具相关批准手续，原告未经规划主管部门批准进行建设的行为即属违法行为，且这种违法状态一直持续到《城乡规划法》《北京市城乡规划条例》实施后，而《城乡规划法》《北京市城乡规划条例》仍延续规定了规划行政许可制度，原告未经规划行政许可进行建设的行为仍属违法行为。鉴于上述新旧法律法规对原告违法行为的定性相同，行政机关适用《城乡规划法》《北京市城乡规划条例》对其行为进行定性并查处不属于法律适用错误。

第三，设施农用地项目已经取得了合法批准或备案手续，行政机关仅以未取得规划许可或建设用地手续为由认定相应地上建设属违法建设或非法占地的，是否正确？

若经查实土地类别是设施农用地，相关设施农用地项目已经履行了合法批准或备案手续，符合相应的规范政策要求，且无证据证明其存在改变农业用途或违法改扩建情形的，地上相应建设不应认定为违法建设或非法占地。

此时，若行政机关仅以未取得规划许可或建设用地手续为由作出违法建设或非法占地认定，属认定事实不清、适用法律错误，法院不予支持。

第四，若设施农用地上的建筑未依法取得批准或备案手续，一定会被按照违建或非法占地处理吗？

不一定。对于虽未按《国土资源部、农业部关于完善设施农用地管理有关问题的通知》（2010年，现已失效）、《国土资源部、农业部关于进一步支持设施农业健康发展的通知》（2014年，现已失效）、《自然资源部、农业农村部关于设施农业用地管理有关问题的通知》（2019年）的要求办理设施农用地项目的报批或备案手续，但曾经自然资源或农业主管部门、区或乡镇政府认可，当事人对行政机关认可地上建设合法性存在信赖利益，且相关建设符合直接从事或服务于农业生产的农业用途的，不宜按照违建或非法占地进行处理。

法条链接

《北京市人民政府关于郊区城镇和农村建设规划管理的若干规定》

一、全市行政区域16800平方公里范围，都是“城市规划区”的范围。“城市规划区”范围内一切城市和农村各项建设工程、建设用地都必须执行统一规划，服从城乡规划行政主管部门的统一规划管理。

《中华人民共和国城乡规划法》

第六十五条 在乡、村庄规划区内未依法取得乡村建设规划许可证或者未按照乡村建设规划许可证的规定进行建设的，由乡、镇人民政府责令停止建设、限期改正；逾期不改正的，可以拆除。

《北京市禁止违法建设若干规定》

第二条 本规定所称的违法建设，包括城镇违法建设和乡村违法建设。城镇违法建设是指未依法取得建设工程规划许可证、临时建设工程规划许可证或者未按照许可内容进行建设的城镇建设工程，以及逾期未拆除的城镇临时建设工程。乡村违法建设是指未依法取得乡村建设规划许可证、临时乡村建设规划许可证或者未按照许可内容进行建设的乡村建设工程。

本规定所称的违法建设当事人，包括违法建设的建设单位、施工单位、所有人或者管理人。

第三条 区人民政府领导本行政区域内城乡规划的实施，组织、协调、监督违法建设制止和查处工作，将制止和查处违法建设情况纳入相关考核。

街道办事处、乡镇人民政府根据职责具体组织、协调本行政区域内违法建设的制止和查处工作。

《北京市城乡规划条例》

第二条第一款 本市行政区域全部为规划区。

第二十九条 本市依法实行规划许可制度，各项建设用地和建设工程应当符合城乡规划，依法取得规划许可。

规划许可证件包括选址意见书、建设工程规划许可证、乡村建设规划许可证和相应的临时规划许可证。

城镇建设项目应当按照建设工程规划许可证或者临时建设工程规划许可证的许可内容进行建设；农村建设项目应当按照乡村建设规划许可证或者临时乡村建设规划许可证的许可内容进行建设。

法官普法

综上所述，在认定是否构成违法建设并实施强制拆除之前，行政机关应对涉案土地的类别用途、是否履行了有关审批手续等进行充分的调查核实，在此基础上综合考量相对人对涉案建筑合法性产生的信赖利益等因素。若未经调查仅以未取得规划许可证或建设用地手续为由认定涉案建筑为违法建设的，属于认定事实不清，证据不足。若经查实，涉及设施农用地上的建筑物经过批准备案后改变了农业用途，或存在违法改扩建情形的，则行政机关认定该建筑物属于违法建设并无不当。

案例二

未经审批在宅基地上翻建房屋，是否一定导致被强制拆除的法律后果？

——农村房屋翻建的合法性认定问题

王芹①

当前，在农村地区，有不少宅基地上的老房年久失修。为提高居住质量和水平，很多村民选择对老房进行改造翻建。但有的村民在翻建宅基地房屋之前，由于某些主观或客观的原因，未取得有关部门的规划审批手续。那么，在这种情况下翻建的房屋，是否属于违法建设呢？如果属于违法建设，那么是否一定会导致宅基地上的房屋被强制拆除的法律后果呢？本文将针对这一问题展开具体分析。

基本案情

刘女士的母亲于1990年4月24日经原北京市H区某街道市容监察所批准，在北京市H区某村后街××号新建房屋两间，原有房屋五间。刘女士及其子一直生活在上述七间房屋中的三间房屋内。后因其所住房屋墙体开裂，刘女士于2016年3月将居住的三间房屋进行翻建。刘女士及其子名下均无房屋登记信息。

2016年12月23日，H区城管局执法监察队在检查中发现，刘女士于2016年3月在北京市H区某村后街××号翻建砖混结构房屋一处。当日H区城管局对刘女士建设上述建筑物的行为予以立案。

2017年1月5日，北京市规划和国土资源管理委员会向H区城管局出具了《关于北京市H区某村后街××号所建的一处建筑物规划审批情况的函》，

① 北京市延庆区人民法院行政审判庭（综合审判庭）法官。

函称涉案房屋未依法取得建设工程规划许可证。2017年4月28日，H区城管局作出被诉限期拆除决定，并于当日通过留置、现场张贴及网站公告送达了上述限期拆除决定。

刘女士不服，于2017年5月4日向H区政府提出行政复议申请，要求撤销被诉限期拆除决定。H区政府受理上述行政复议申请后向H区城管局送达行政复议答复通知书，要求其提交书面答复与相关证据材料。后H区城管局向H区政府提交了答复书与相关证据。因案件情况复杂，H区政府决定延期三十日审理，并将延期审理通知书分别送达刘女士与H区城管局。同年7月31日，H区政府作出被诉复议决定，决定维持被诉限期拆除决定。后该复议决定分别送达刘女士与H区城管局。刘女士仍不服，遂向法院提起行政诉讼，要求撤销H区城管局作出的被诉限期拆除决定以及H区政府作出的被诉复议决定。

在庭审中，刘女士称，刘女士全家仅此一处住房，由于受当时经济条件限制，房屋质量极差，2015年房屋多处开裂，屋顶漏雨成为危房，人住在里面极不安全。刘女士没有能力购买房屋，只得在现有的基础上想办法解决困难，所以才在院内把原房屋拆除翻建房屋，且自己是在自家的院子里翻盖，非但没有向四周扩张反而还向内缩了一些，二被告的行为不具有合理性，请求法院支持其诉讼请求。被告H区城管局辩称，其具有相应的执法权限，有权对未经批准的建设进行查处，并认定涉案房屋属于违法建设，其作出的限期拆除认定违法事实清楚，证据确凿，程序合法，适用法律法规正确，请求法院驳回原告的诉讼请求。被告H区政府辩称，其作出的被诉行政复议决定的程序合法，请求法院驳回原告的诉讼请求。法院经审理，判决撤销被诉限期拆除决定、行政复议决定。

法理分析

一、涉案房屋是否属于违法建设

《城乡规划法》第六十四条规定，未取得建设工程规划许可证或者未按照建设工程规划许可证的规定进行建设的，由县级以上地方人民政府城乡规划主管部门责令停止建设；尚可采取改正措施消除对规划实施的影响的，限期改正，处建设工程造价百分之五以上百分之十以下的罚款；无法采取改正措施消除影响的，限期拆除，不能拆除的，没收实物或者违法收入，可以并处建设工程造价百分之十以下的罚款。第六十五条规定，在乡、村庄规划区内未依法取得乡村建设规划许可证或者未按照乡村建设规划许可证的规定进行建设的，由乡、镇人民政府责令停止建设、限期改正；逾期不改正的，可以拆除。2009年10月1日实施的《北京市城乡规划条例》第二条第一款规定，本市行政区域全部为规划区。第二十三条规定，本市依法实行规划许可制度，各项建设用地和建设工程应当符合城乡规划，依法取得规划许可。规划许可证件包括选址意见书，建设用地规划许可证、建设工程规划许可证、乡村建设规划许可证和相应的临时规划许可证。城镇建设项目应当按照建设工程规划许可证或者临时建设工程规划许可证的许可内容进行建设；农村建设项目应当按照乡村建设规划许可证或者临时乡村建设规划许可证的许可内容进行建设。2021年修正后的《北京市城乡规划条例》第二条第一款、第二十九条亦作出了类似规定。根据上述规定，本案中，刘女士使用原有宅基地翻建房屋，但未依法取得规划审批手续，违反了规划许可管理。H区城管局对涉案房屋进行了检查和现场勘验，取得了北京市规划和国土资源管理委员会出具的涉案房屋未依法取得建设工程规划许可证的函件等材料，其在上述调查的基础上，作出被诉限期拆除决定，认定涉案房屋为违法建设的事实清楚，证据充分。

有些读者会有疑问，如果房屋翻建是在《城乡规划法》实施之前，根据法不溯及既往的原则，是不是就不会被认定为违建。答案是否定的，因为我国规划领域的新旧相关法律，均规定依法实行规划许可制度，各项建设用地和建设工程应当符合城乡规划，依法取得规划许可。即使建房行为发生在《城乡规划法》实施之前，但根据建房行为发生时有效的《城市规划法》的相关规定，建房时应经过规划主管部门批准，如并不能出具相关批准手续，未经规划主管部门批准，建房的行为即属违法行为。违法建设的违法状态一直持续至今，根据查处时的法律规定，仍然会被认定为违法建设。还有些读者会提出，如果翻建房屋前取得了村委会的许可，那么所建房屋是不是就不属于违法建设。此种情况也不符合法律规定，因为村委会并不是规划许可的审批部门，获得村委会的批准不能代表依法取得规划许可手续，仍属于违建。

二、行政执法权的行使应符合行政法上的合理性要件

本案中，根据前文所述，刘女士在宅基地上翻建的房屋确实是未批先建，属于违法建设，但法院却判决撤销了H区城管局作出的被诉限期拆除决定和行政复议决定。这是因为该被诉限期拆除决定和复议决定未充分考虑违法建设人的居住安全利益，不符合比例原则的要求，不具有合理性。理由如下：

《城乡规划法》第六十四条对未取得建设规划许可证进行建设的处罚裁量幅度规定为：尚可采取改正措施消除对规划实施的影响的，限期改正，并处罚款；无法采取改正措施消除影响的，限期拆除；不能拆除的，没收实物或者违法收入，可以并处罚款。根据上述规定，针对全市范围内未取得建设工程规划许可证的城镇违建，尚可采取改正措施消除对规划实施的影响的，应限期改正；无法采取改正措施消除影响的，方可限期拆除或没收。行政裁量行为应充分考虑手段与后果的关系，如行政裁量行为未充分考虑行为后果以及该后果背后的法益，则不符合比例原则的要求。

本案中，涉案房屋系刘女士及其子的唯一居所。如有权机关在确认该房屋为违建后直接作出限期拆除决定并最终履行，则不利于保障刘女士及其家人的基本生活权利。因此，H区城管局应首先考虑其所作行政行为是否会对刘女士及其家人的居住安全与正常生活产生过度侵害，在充分平衡规划秩序利益与安居利益的前提下，要先选择采取责令限期补办规划手续等改正措施后，再针对相应改正的情况酌情作出决定。若直接作出限期拆除决定必然将对刘女士的权益造成过度损害，应属明显不当。鉴于此，H区城管局作出的被诉限期拆除决定，未充分考虑违法建设人的居住安全利益，不具有合理

性，且不符合比例原则的要求，依法应该予以撤销。

法条链接

《中华人民共和国城乡规划法》

第六十四条 未取得建设工程规划许可证或者未按照建设工程规划许可证的规定进行建设的，由县级以上地方人民政府城乡规划主管部门责令停止建设；尚可采取改正措施消除对规划实施的影响的，限期改正，处建设工程造价百分之五以上百分之十以下的罚款；无法采取改正措施消除影响的，限期拆除，不能拆除的，没收实物或者违法收入，可以并处建设工程造价百分之十以下的罚款。

《中华人民共和国行政诉讼法》

第七十条 行政行为有下列情形之一的，人民法院判决撤销或者部分撤销，并可以判决被告重新作出行政行为：

……

（六）明显不当的。

《北京市城乡规划条例》

第二十九条第一款 本市依法实行规划许可制度，各项建设用地和建设工程应当符合城乡规划，依法取得规划许可。

法官普法

虽然该案的被诉限期拆除决定和行政复议决定由于违反比例原则被撤销，但涉案房屋仍被法院认定为违法建设。一方面，为避免此种情形发生，农民朋友们在翻建宅基地房屋的时候，需要注意以下几点：一是要明确宅基地用地相关标准。一般村民一户只能拥有一处宅基地，每户宅基地用地的具体标准，由各相关区根据本区实际情况确定。村民建设住宅应当符合村庄规划，并尽量使用原有宅基地和村内空闲建设用地。二是要严格履行建房审批手续。村民建房应当征询相邻土地使用权人意见，向村委会提出书面申请，经村委会审议且公示无异议后，报所在乡镇政府审批。注意，只有在乡镇政府审批通过后，才可动工建房。

另一方面，若村民所建房屋的使用人为本村村民，房屋用途为自住，非用于群租、经营，房屋未超过二层，占地面积符合本村规定等，符合补办审批手续条件的，在面对行政机关作出的限期拆除决定书时，要敢于通过法律程序维护自身权益。因为根据法律规定，对村民未经批准使用宅基地进行住宅建设、符合村庄规划的，需要由乡镇政府责令补办审批手续，而不是直接限期拆除。乡镇政府直接责令限期拆除属于未充分考量责令改正程序的适用性，将不会得到法律支持。

案例三

农村宅基地上违法建筑被强制拆除后的法律后果

——违建被拆除，赔偿有说法

曹倩[1]

农村宅基地是农村社会和谐稳定的重要基础，保障了农村基本的居住需求。加强对农村宅基地和农民建房的管理，对农村人居环境建设和乡村振兴具有重要意义。取得宅基地使用权需要经过乡镇政府的审批，在通过合法审批的宅基地上建设农村房屋，也需经过乡村建设规划许可，而且使用过程中还应受到邻里、基层自治组织的监督。未经规划许可，擅自在宅基地上进行违法建设的行为，一经行政机关查处，违法建筑将被强制拆除。对于违法建筑被行政机关强制拆除后产生的损失，能否通过法律途径获得赔偿，本文将通过以下案例作详细说明。

基本案情

李某某系北京市房山区某镇某村村民，在该村拥有宅基地一处。2019年5月，某镇政府接到群众举报，称李某某未得到有关部门批准，超出其宅基地使用范围垒墙圈地，非法占用集体土地。某镇政府于同年6月5日前往李某某家中，发现其正在垒墙，当即向其下发了停止建设通知书，责令其停止建设，并于五日内自行拆除违法建设。因李某某未履行上述通知书，7月12日，某镇政府向李某某送达了拆除决定书，告知其建设路面硬化和砖混结构围墙未取得乡村建设规划许可证，某镇政府决定于当日对路面硬化和涉案围墙实施拆除，并将公告张贴在拆除现场。随后，某镇政府对涉案围墙进行了强制拆除。

① 北京市延庆区人民法院民事审判一庭（环境资源审判庭）法官。

在某镇政府实施强制拆除前，李某某围墙边可移动的物品已经搬离围墙，在拆除过程中，某镇政府将李某某靠近围墙的鱼池内物品移除。

李某某不服，向法院提起诉讼，请求确认某镇政府的强制拆除行为违法。法院经审理认为，行政机关在对违法建设依法强制拆除时，应催告并听取当事人陈述和申辩，作出强制执行决定、公告，通知当事人清理有关物品，制作财产清单，对实施强制拆除制作笔录并摄制录像等。因某镇政府未履行上述法定程序，因此其实施的强制拆除行为构成程序违法。最终，法院判决某镇政府强制拆除行为违法。依据上述行政判决，李某某起诉某镇政府要求其承担行政赔偿责任，赔偿其院墙、花池、鱼池的人工费及材料费15000元，地面费用3500元，绿植、花卉、果树、观赏鱼等费用1500元。法院经审理，判决某镇政府赔偿李某某400元，驳回李某某的其他赔偿请求。

法理分析

一、农村宅基地上违法建设行为的认定问题

《土地管理法》第六十二条规定，农村村民一户只能拥有一处宅基地，其宅基地的面积不得超过省、自治区、直辖市规定的标准。农村村民建住宅，应当符合乡（镇）土地利用总体规划、村庄规划。农村村民住宅用地，由乡（镇）人民政府审核批准。因此，我国农村宅基地的基本原则是“一户一宅”原则，申请宅基地必须经过乡（镇）人民政府审批，审批获得的宅基地使用面积也应当符合法律规定。村民在合法获得审批的宅基地上建设农村住宅，应当符合乡（镇）土地利用总体规划、村庄规划。

关于具体的规划审批手续，《北京市城乡规划条例》第二十九条、第四十条明确规定，农村建设项目应当按照乡村建设规划许可证或者临时乡村建设规划许可证的许可内容进行建设。在规划农村地区，村民使用宅基地进行村民住宅建设，应当征询相邻土地使用权人意见，经村民委员会审议后上报乡镇人民政府批准。乡镇人民政府审批村民使用宅基地进行住宅建设，应

当依据村庄规划进行。

因此，根据上述法律规定，农村村民在宅基地上的建设行为必须经过审批，未经审批或超出宅基地范围的建设行为都将被认定为违法建设行为。

二、对农村宅基地上违法建设的处理

一旦农村宅基地上的建筑被认定为违法建设，行政机关将依据法律规定对违法建设进行处理。关于具体的处理流程，《城乡规划法》及《北京市城乡规划条例》明确规定，在乡、村庄规划区内未依法取得乡村建设规划许可证或者未按照乡村建设规划许可证的规定进行建设的，由乡、镇人民政府责令停止建设、限期改正；逾期不改正的，可以拆除。

因此，农村宅基地上的建筑，一经确认为违法建设，乡、镇人民政府首先会责令建设人限期改正，逾期不改正的，将被限期拆除。

三、农村宅基地上的违法建设被拆除后，能否获得行政赔偿？

农村村民在宅基地上的违法建设，一旦被行政机关强制拆除，会发生财产损失。该财产损失能否申请行政机关进行行政赔偿，是农村村民最关心的问题。根据现行法律规定，请求行政赔偿的前提，必须是行政机关的拆除行为违法。为此，农村村民首先应当向法院提起诉讼，请求法院确认行政机关作出的限期拆除决定、强制拆除决定行为违法，只有其拆除行为违反法律规定，建设人才能更进一步提起诉讼，请求行政机关对自己的财产损失进行赔偿。

但需要注意的是，尽管行政机关的拆除行为可能被确认违法，建设人的财产损失并不一定能全部获得赔偿。因为《国家赔偿法》明确规定，只有合法权益被侵害，才能获得国家赔偿。如建设人在宅基地上的建筑物，根据法律规定已经被确认系违法建设，那么该违法建设本身的损失，不属于建设人的合法财产和权益，其要求赔偿的请求是无法得到法律支持的。而违法建设内的合法物品，如行政机关没有按规定通知当事人清理有关物品、制作财产清单、对实施强制拆除制作笔录并摄制录像等，则因其强制拆除行为造成的物品损失，建设人可以要求行政机关进行赔偿。

对于违法建设被拆除后的残值，是否可以获得行政赔偿，目前北京地区法院已生效判决的普遍认识是：如果行政机关对违法建设进行了拆除，并将拆除后的材料进行了清理，那么建设人可以请求行政机关对违法建设本身的残值进行赔偿。

法条链接

《中华人民共和国国家赔偿法》

第二条 国家机关和国家机关工作人员行使职权，有本法规定的侵犯公民、法人和其他组织合法权益的情形，造成损害的，受害人有依照本法取得国家赔偿的权利。

本法规定的赔偿义务机关，应当依照本法及时履行赔偿义务。

第三十六条 侵犯公民、法人和其他组织的财产权造成损害的，按照下列规定处理：

……

（四）应当返还的财产灭失的，给付相应的赔偿金；

……

（八）对财产权造成其他损害的，按照直接损失给予赔偿。

《中华人民共和国行政诉讼法》

第三十八条第二款 在行政赔偿、补偿的案件中，原告应当对行政行为造成的损害提供证据。因被告的原因导致原告无法举证的，由被告承担举证责任。

法官普法

农村村民为改善自身居住条件，会对自己宅基地上的房屋进行翻新、翻建，在改扩建过程中，常常有人忽略了农村宅基地上的建设行为仍然要经过相关部门审批，要符合乡村整体规划。有人误以为宅基地使用权归自己，自己就可以想怎么建就怎么建，不需要任何人审批同意；还有人认为，村里的地管理没那么严格，超占一点儿街道、公共用地并无大碍。殊不知，这些想法都是极其错误的，是不符合法律规定的，一旦其未经审批对宅基地上房屋进行了改扩建，或超出宅基地面积进行了违法建设，那么该建筑将被行政机关按照法律规定强制拆除，最终造成损失。

因此农村村民在宅基地上进行相关建设行为时，一定要注意以下几点：

一是在翻建房屋或在宅基地上建设相关建筑前，必须征询相邻土地使用权人意见，必须报村委会审议并经乡、镇人民政府审批同意。如与四邻对宅基地范围或界限存在争议，擅自建设的行为还可能引发民事纠纷。

二是获得翻建或新建的审批手续后，必须严格按照申请时的规划进行建设，不得擅自加高房屋层高，或擅自扩大房屋、院落面积。有的农村村民认为只要通过了审批，就可以随意对房屋、院落建设的规划进行变更，殊不知，这种行为也是违法的。如申请审批时房屋的层高只有一层，那么后续建设过程中，若擅自将房屋建设为两层及以上，则一经行政机关查处，加高的楼层将面临被强制拆除的风险。擅自扩大院落面积的行为当然也是违法的，例如本案中的李某某，擅自扩大宅基地面积，占用村内公共道路，最终面临的法律后果是违法建设被强制拆除。

三是在宅基地上的建设行为，需秉持有利于相邻关系的原则，不得妨碍四邻的通行权、采光权等。否则，被妨碍的一方有权依据相关法律规定，向法院提起诉讼，要求对违法建设的部分进行拆除。

为保护自身合法权益不受侵害，农村居民需注意，当自己的建设行为被认定违法时，应积极配合行政机关进行整改，或在接到限期拆除决定书时主动履行法律义务，对违法建设进行自主拆除。只有自己主动对违法建设进行拆除，才能最大限度保护自己的合法财产免遭侵害，也才能最大限度保存违法建筑物的残值。一旦未按限期拆除决定书在规定期限内对违法建筑进行拆除，行政机关将启动强制拆除程序，对违法建筑进行强制拆除。在收到强制拆除决定书后，建设人应当对自己违法建筑内的合法财产及时采取搬离或保护措施。如没有及时搬离，在行政机关到场后，应要求其对物品进行清点，制作财产清单，必要时，建设人自己也应对整个强制拆除的过程制作录像，以便在后续认定行政机关强制拆除行为违法、请求行政赔偿时能最大限度维护自身合法权益。当然，有的行政机关在强制拆除时，可能存在不规范的行为，导致建设人无法及时保存自己的合法财产，也来不及制作录音、录像等证据材料。那么，后续发生诉讼时，针对建设人的损失，行政机关需要承担相应举证责任。

案例四

正在施工建设的农村房屋能否被认定为违法建设?

——在施建设的违法性认定问题及建议

吴嘉琪[1]

农村部分村民在对房屋进行改造翻建时未依法取得乡村建设规划许可证等规划文件，若房屋正在施工过程中，就被相关行政管理部门认定为违法建设，会产生什么法律后果？本文针对这一问题进行分析。

基本案情

王女士及其家人在北京市Y区Y镇Y村有六间老房子及一处院落，因房屋老旧，2020年，王女士一家对房屋进行翻建修缮。

2020年4月，Y镇政府接到群众举报并经实地核查，对涉案建设予以立案，北京市规划和自然资源委员会向Y镇政府作出《违法建设项目认定函》，认定位于Y村的村民王女士等人建设的砖混房屋未依法取得乡村建设规划许可证，该行为已构成违法建设。Y镇政府工作人员于2020年4月23日到涉案建设现场开展工作，作出《责令停止建设通知》，责令立即停止建设，在三日内自行拆除或回填，并接受进一步调查处理。该通知作出后送达王女士，并告知其有陈述和申辩的权利，如逾期未按要求陈述、申辩，且拒不停止建设或拒不拆除的，行政机关可依法查封施工现场、扣押施工工具和材料，如拒不停止建设或拒不拆除，将依法立即强制拆除。

Y镇政府于2020年4月30日复查，发现王女士未在限定期限内自行履行义务，于2020年5月4日作出《强制拆除决定书》并张贴于涉案建设墙上，决定书载明：“应在收到本决定后立即自行拆除（回填），拒不履行义务的，

① 北京市延庆区人民法院立案庭（诉调对接中心）法官助理。

将于2020年5月6日依法立即强制拆除（回填），同时告知权利义务。”这之后，Y镇政府于2020年5月6日对涉案建设实施强制拆除。2020年10月，王女士诉至法院，称决定书所列当事人错误且决定书适用法律错误，要求撤销该《强制拆除决定书》。

法院经审理，判决确认被告Y镇政府作出的《强制拆除决定书》违法。

法理分析

一、Y镇政府是否有法定职权?

《城乡规划法》第六十五条规定，在乡、村庄规划区内未依法取得乡村建设规划许可证或者未按照乡村建设规划许可证的规定进行建设的，由乡、镇人民政府责令停止建设、限期改正；逾期不改正的，可以拆除。依据上述规定，本案被告Y镇政府具有对本辖区内违法建设进行查处的法定职责。

二、在施建设能否构成违法建设?

在施建设可以构成违法建设。是否构成违法建设与是否正在施工没有必然联系，农村建设项目应当按照乡村建设规划许可证或者临时乡村建设规划许可证的许可内容进行建设，未取得规划文件或未经规划许可的建设即可构成违法建设。在施违法建设是指未经规划许可或违反规划许可，正在搭建、开挖的建设，且相关法律对在施建设有相关的规定。以北京为例，《北京市城乡规划条例》第七十四条明确规定，对正在搭建、开挖的违法建设，执法机关应当书面责令违法建设当事人立即停止建设、自行拆除或者回填；并可以查封违法建设施工现场、扣押违法建设施工工具和材料。当事人拒不停止建设或者拒不拆除、回填的，执法机关应当依法立即强制拆除、回填。2019年5月10日，北京市规划和自然资源委员会、北京市城市管理综合行政执法局联合印发了《关于立即处置在施违法建设的实施意见

（试行）》，适用于北京市城乡各类在施违法建设的制止查处、强制拆除（回填）等工作。

三、在施违法建设与已建成违法建设在查处时的程序区别

已建成违法建设拆除过程中，主要包括三个行政行为：限期拆除决定、强制拆除决定、强制拆除行为。每个行政行为的执行过程都需要遵守很多程序性规定，且《行政强制法》第四十四条规定的限期拆除决定作出后，当事人在法定期限内既不申请行政复议或者提起行政诉讼，又不拆除的，行政机关可以依法强制拆除。

在施违法建设拆除过程中，行政查处程序为：现场核实认定、责令改正；查封施工现场，扣押施工工具和材料；强制拆除、回填。行政行为以责令改正替代限期拆除决定，但责令改正通知书作出后并没有给予行政相对人行政复议及行政诉讼的救济权利，待强制拆除决定作出后才有复议及诉讼救济途径。

综合而言，在施违法建设的拆除更具有时效性，且《关于立即处置在施违法建设的实施意见（试行）》的出发点也是为了立即制止和拆除（回填）在施的违法建设。

法条链接

《中华人民共和国城乡规划法》

第六十五条 在乡、村庄规划区内未依法取得乡村建设规划许可证或者未按照乡村建设规划许可证的规定进行建设的，由乡、镇人民政府责令停止建设、限期改正；逾期不改正的，可以拆除。

《北京市城乡规划条例》

第七十四条 对正在搭建、开挖的违法建设，执法机关应当书面责令违法建设当事人立即停止建设、自行拆除或者回填；并可以查封违法建设施工

现场、扣押违法建设施工工具和材料。当事人拒不停止建设或者拒不拆除、回填的，执法机关应当依法立即强制拆除、回填。

法官普法

农村翻建或修缮房屋时，应当取得乡村规划审批手续，通过正当法律流程进行建设，避免被认定为违法建设。若房屋建设存在未取得规划审批手续等相关情况，在施工过程中被行政机关认定为违法建设，建设人应当配合行政机关做好工作，立即停止建设，避免损失扩大、矛盾激化。首先，请勿加快违法建设进程，以期违法建设建成后拆除难度大而不实行强制拆除程序，事实上，建成后并不影响强制拆除，反而会加大拆除成本及违法建设本身的成本。其次，如果未自行拆除（回填）违法建设，且未配合行政机关强制拆除工作致使该违法建设被强制拆除（回填）的，建设人需要承担实施强制拆除（回填）费用、清运处置建筑垃圾费用、安全鉴定费用、委托第三方保管费等费用，若未按照规定交纳上述费用还会加处滞纳金，行政机关可以向法院申请强制执行。

建议农民朋友们有建房需求时，积极向村委会及行政主管部门询问相关建房政策，申请规划审批，按照规划程序有序建设。如果行政机关将房屋认定为违法建设，除积极配合行政机关工作外，也要勇于保护自身的合法权益，对行政机关作出的行政行为，要冷静地陈述、申辩，必要时可以提起行政诉讼。

本章小结

通过本章案例可以看出，村民没有取得规划审批手续所建的房屋并不一定等同于违法建筑，人民法院会根据案件进行具体区分，并通过综合考量作出合理判断。农村村民在宅基地上的违法建设被强制拆除，因行政机关的强制拆除行为导致其合法财产遭受损害时，可以通过法律途径维护自己的合法权益。但总而言之，为避免自身财产遭受损害，农村村民在建设房屋等建筑时，一定要按法律规定履行规划审批手续，并严格按照规划许可进行建设，从源头上杜绝相关风险的产生，避免产生不必要的损失。

图书在版编目(CIP)数据

乡村法律明白人以案普法手册 / 俞里江，张金海，郑东梅主编．—北京：中国法制出版社，2023.2（2024.1重印）

ISBN 978-7-5216-3170-8

Ⅰ.①乡… Ⅱ.①俞… ②张… ③郑… Ⅲ.①案例—中国—手册 Ⅳ.①D920.4

中国版本图书馆CIP数据核字（2022）第215302号

责任编辑：程思　　　　封面设计：李宁

乡村法律明白人以案普法手册

XIANGCUN FALÜ MINGBAIREN YI AN PUFA SHOUCE

主编 / 俞里江　张金海　郑东梅

经销 / 新华书店

印刷 / 北京虎彩文化传播有限公司

开本 / 710毫米 × 1000毫米　16开　　　　印张 / 12.75　字数 / 188千

版次 / 2023年2月第1版　　　　2024年1月第2次印刷

中国法制出版社出版

书号 ISBN 978-7-5216-3170-8　　　　定价：42.00元

北京市西城区西便门西里甲16号西便门办公区

邮政编码：100053　　　　传真：010-63141600

网址：http://www.zgfzs.com　　　　**编辑部电话：010-63141796**

市场营销部电话：010-63141612　　　　**印务部电话：010-63141606**